识干家

企業閱讀　學以致用

集团化企业
阿米巴实战案例

一家300亿规模企业的全程操作

初勇钢 ◎ 著

企业管理出版社
ENTERPRISE MANAGEMENT PUBLISHING HOUSE

图书在版编目（CIP）数据

集团化企业阿米巴实战案例/初勇钢著.—北京：企业管理出版社，2017.7
ISBN 978-7-5164-1512-2

Ⅰ.①集… Ⅱ.①初… Ⅲ.①企业经营管理－研究－中国 Ⅳ.①F279.23

中国版本图书馆 CIP 数据核字（2017）第 096825 号

书　　　名：	集团化企业阿米巴实战案例
作　　　者：	初勇钢
责任编辑：	张　平　程静涵
书　　　号：	ISBN 978-7-5164-1512-2
出版发行：	企业管理出版社
地　　　址：	北京市海淀区紫竹院南路 17 号　邮编：100048
网　　　址：	http：//www.emph.cn
电　　　话：	总编室（010）68701719　发行部（010）68701816
	编辑部（010）68701638
电子信箱：	qyglcbs@emph.cn
印　　　刷：	三河市文阁印刷有限公司
经　　　销：	新华书店
规　　　格：	170 毫米×240 毫米　16 开本　15.5 印张　190 千字
版　　　次：	2017 年 7 月第 1 版　2017 年 7 月第 1 次印刷
定　　　价：	98.00 元

版权所有　翻印必究·印装有误　负责调换

在互联网时代的今天,阿米巴经营模式作为一种"能够将大组织化小、能够让小规模的组织单位自主承担利润责任的经营模式",已经成为众多企业经营模式变革的一种趋势。然而,对于任何一家企业集团来说,经营模式转型与变革都是一种艰难的选择过程。在这个过程中,既要辨别、传承本企业集团历史既往的成功经验,又要面向未来辨识、借鉴国内外优秀企业的优秀模式管理经验,进行本土化、本企业化,兼容并蓄最终形成本企业集团特有的经营逻辑、管理工具与优秀经营模式。

本书通过剖析一个集团企业阿米巴实操的成功案例,希望达到两个目的:一是向读者介绍阿米巴经营在具体企业落地中的整体设计框架、设计方法、设计工具,让国内众多集团化企业在方法体系上有所借鉴与参照;二是以W集团为原型,结合同类企业的成功做法,介绍作者在实施"组织自发化、员工自我管理"中的具体案例做法。其中很多具体做法有鲜明的中国化、本企业化特征,有一些创新性,简单实用,可供各类企业借鉴。

本书第一章,介绍了W集团组织管理的发展历程,梳理了集团企业在不同发展阶段的管理思想与具体做法,对不同发展阶段的企业集团有参考价值,同时引出了在互联网时代企业集团组织管理的新需求、新困惑。

第二章，简单介绍了日本阿米巴经营、中国式组织"自我管理"的启示，实际是完成了 W 集团对组织管理新困惑解决之路的思考，即设计实施 W 集团特色的阿米巴经营模式，称为"自主经营 152 管理模型"，包括经营哲学体系、目标指标体系、经营单元组织体系、经营核算体系、运营激励体系、激励提升体系、经营长队伍建设体系、经营长能力开发体系共计 8 个核心系统。

第三章至第十章，分别介绍了 W 集团"自主经营 152 管理模型" 8 个核心体系设计思路、设计工具及具体的操作方法、案例。

第十一章，介绍了 W 集团阿米巴经营具体推进过程中，在设计阶段、实施阶段、持续提升段的实施步骤、工作重点与经验教训。

本书以作者在 W 集团推行阿米巴经营实践为案例原型，结合多年企业管理经验、众多企业集团咨询服务经验编写而成，在提炼"自主经营 152 管理模型"时受到华夏基石彭剑锋、李志华等老师著作观点的启发与指导，在此一并感谢。

书中部分观点主要针对具体企业具体情况，仅供参考。

初勇钢
2017 年 2 月

目录

第一部分 W 集团组织管理的发展历程

第一章 W 集团组织管理的发展历程
第一节 企业做大了,管控"集团化" / 005
第二节 "部门化组织、公司化管理" / 009
第三节 组织扁平化,横向流程要管理 / 014
第四节 互联网时代,自主经营、机制自发化 / 015

第二章 W 集团对中国式阿米巴经营模式的思考
第一节 阿米巴经营模式 / 020
第二节 中国式企业"自我管理"的启示 / 024
第三节 W 集团对实施阿米巴经营的思考 / 027

第二部分 W 集团的阿米巴经营模式设计

第三章 经营哲学篇(核心层)

第一节 企业需要经营哲学 / 038
第二节 如何提炼经营哲学 / 042
第三节 经营哲学落地 / 046

第四章 目标指标篇（运营层五要素之一）

第一节 实现企业愿景，战略需要落地 / 053
第二节 编写经营单元的运营计划 / 059
第三节 提取评价指标及经营目标 / 065

第五章 组织篇（运营层五要素之二）

第一节 经营单元设计分析 / 083
第二节 确定经营单元的责、权、利 / 093
第三节 经营单元的组织调整（分裂与合并）/ 099

第六章 核算篇（运营层五要素之三）

第一节 单位时间核算制度 / 106
第二节 生产型经营单元核算体系设计 / 109
第三节 营销型经营单元核算体系设计 / 116
第四节 职能型经营单元核算体系设计 / 118

第七章 运营篇（运营层五要素之四）

第一节 阿米巴经营模式下的 PDCA 循环展开 / 124
第二节 生产型经营单元运营实例 / 127

第八章 激励篇（运营层五要素之五）

第一节 现代企业激励体系设计的几点思考 / 138

第二节　W 集团激励方案设计 / 141

第九章　经营长的队伍建设篇（支持层二要素之一）

第一节　建立 W 集团的人才管理体系 / 153

第二节　经营长的竞聘上岗机制 / 158

第三节　经营长的梯队建设 / 169

第十章　能力开发篇（支持层二要素之二）

第一节　建立经营长素质模型 / 182

第二节　建立基于胜任素质的经营长培训体系 / 200

第三部分　W 集团阿米巴经营模式的实施

第十一章　阿米巴经营模式的实施步骤

第一节　设计阶段 / 214

第二节　实施阶段 / 220

第三节　持续提升阶段 / 222

第一部分
W集团组织管理的发展历程

集团化企业阿米巴实战案例

第一章　W集团组织管理的发展历程

W集团前身是一家老国企，经过多年的发展，目前已经形成以快消品产业为主导，以金融投资、电子商务、对外贸易、酒店业务、面粉加工等产业为辅的大型集团化股份制企业。其主业现有员工4万人左右，拥有四家生产基地和一个全国销售公司，营销区域遍及国内外，集团销售收入超过300亿元，在改制后于2010年6月成功上市。

集团在主业发展的每一个阶段，都根据业务实际需要前瞻性地使用了完善的集团管控手段，使得集团能够克服一个又一个组织管理难题，成就了目前主业在行业的领先地位。

笔者在对集团的历次组织管理变革进行梳理后发现：集团在组织管理中，始终追求企业组织的"自主经营、自我管理"，不仅将自我管理作为一种管理方法，更是作为一种经营模式。在集团的不同发展阶段时，团队的成熟度不同时，以及面对不同的行业外部环境时，其管理形式与手段也呈现出不同的形态。下面，就以集团的各发展阶段为依据，对其进行分析说明。

第一章
W集团组织管理的发展历程

第一节 企业做大了,管控"集团化"

1. 集权与分权:W集团面对的企业管理课题

2011年可以称得上是W集团所在行业的巅峰之年,行业产量、收入和利润均创出历史新高,实现产量1026万千升,同比增长30.70%。行业总收入规模达到3746.7亿元,利润总额为571.6亿元,同比分别增长37.19%和51.91%。过去十年间,伴随着国内经济及固定资产投资的快速增长,行业总产量从420万千升增长至1026万千升,增长1.5倍。其中规模以上企业的营业收入也从不到500亿元发展到接近4000亿元,增长了7倍,年均复合增长率约为23%。

2011年同样也是W集团实现历史性突破的一年。在这一年,集团的主业销售额突破百亿元大关。集团产业园二期工程在年初正式竣工投产,自动化厂房成功投产,生产规模稳步扩张;包装厂房、智能化立体仓库等一大批工程相继建成并投入使用,新增建筑面积近56万平方米,为公司高速发展奠定了坚实的基础;集团新建的包装车间三期工程建成投产,新增1.5万吨的包装生产能力,同时该包装车间还建有一个9000立方米、储量达5000吨的全自动立体仓库。在2012年,集团将完成包装车间的四期工程,继续增加包装产能,为其未来市场的增长提供产能保障。

随着集团业务发展的蒸蒸日上,其主营业务板块的组织规模也随业务规模增长而急剧膨胀。在生产制造系统、营销系统、新兴投资等系统中出现了众多分子公司,甚至许多部门的规模也达到几百上千人。对于这样一个拥有多产业单元的集团化公司,如何通过有效的分权抑或集权以进行有效管理,就成为一个无法绕开的问题。

随着市场的发展和竞争环境的变化，对企业现有的集分权组织体制提出了新的要求。如果再沿用传统管理模式，集权与分权的矛盾将无法调和。如何在不牺牲企业活力、组织执行力的前提下，通过有效分权提升管理规范化，如何在企业上层实现对财务资源、人力资源、营销资源集中管理的同时，又能放手让各个产业单元能自由、自主地干，使他们更具有活力，成为摆在 W 集团管理团队面前的一个重要课题。

2. W 集团的集团管控模式

经过分析，我们认为，实施集团化管理是解决这一课题唯一出路。在确定管控模式时，集团及其总部需要重点处理好"**管什么、管到什么程度、如何管**"这三个问题。

首先，总部功能定位，决定了集团总部管什么，而功能定位又取决于集团的发展战略。W 集团的集团管控，要能够通过企业集团总部中职能管控部门的设置、管控流程设计及企业文化的传播，来深刻影响下属经营单位在企业战略制定、营销管理、财务统筹、经营运作等方面职能的开展。基于集团的发展现状，实施集团管控后的集团总部要能够对分子公司的日常经营运作进行直接管理，从而实现集团与分子公司经营行为的统一、公司整体协调成长和对行业成功因素的集中控制与管理。

其次，三层面的权责划分，影响着管到什么程度。"总部管到什么程度"这个问题直接与"总部管什么"密切相关，实际上就是集团总部与下属企业之间的责任和权限的划分。W 集团对下属企业的管控，主要涉及战略、核心管理职能、具体业务三个层面的责权划分。在战略层面上，要能够解决企业的发展方向性和整体资源的配置问题，包括企业的长期发展战略规划、年度计划和战略性的投资职能。在核心管理职能层面上，要能够解决企业的管理效率和对资源控制的问题，主要包括资产管理、财务管理、人力资源管理。在具体业务层面上，要能够解决企业价值链上各个环节的效率问题，包括产品的研发、原材料及物资的采购、产品的生产和市场销售。一个理想的管理和控制体系，应该对以上三个层面所涉及的问题有系统性思考并能够把问题都加以解决。

最后，建立四大机制，回答好如何管理的问题。 集团确定了自己的管控模式，也就是基于集团的发展战略明确了总部的功能定位，也确定了总部与下属企业之间的责权划分，接下来的问题就是如何确保有效发挥总部的功能，以对下属企业实施有效的管理的同时，充分发挥下属企业的积极性和创造性。如果说总部管什么和管到什么程度是战略问题，那么怎么管就是战术问题了。解决战术问题需要具体的机制保障，包括组织保障、人员保障、制度与流程保障，三者之间应相互协调。

第一，组织保障。应基于总部的功能定位和责权划分，设置相应的组织结构，明确各部门的核心职能，明确总部职能部门与下属企业相关部门之间的责权划分。

第二，人员保障。一般情况下，为确保下属企业执行总部的经营战略，总部需要确保对下属企业关键人员包括任免和考核权限在内的管理权限。常见的途径有董事委派、主要高管及财务负责人的任免、业绩考核及行为规范等。

第三，制度与流程保障。单纯依赖于关键人员的管理远远不够，人是会变通的，因而相应的管理制度和管理流程不可或缺，必须通过制度与流程约束下属企业的行为。常见的制度与流程包括投资管理、融资管理、预算与计划管理、业绩管理等。

总之，设计集团的管控模式需要综合考虑企业发展战略等因素，既要明确总部的功能定位，以及总部与下属企业之间的责权划分，又要通过组织、人员、制度与流程等机制确保管控的有效和高效。

目前理论界主流观点是：按照集团对成员企业管控的紧密程度，结合不同的行业特点、企业的商业模式、发展历史、文化、背景、技术等的要素，至少可以归纳出五类集团企业的管控模式，即投资管控型、战略管控型、操作管控型、混合型、变异型。其中，每一类都可能有上十种，乃至上百种的变种模式，但其实万变不离其宗。

W 集团通过研究与分析，充分并综合考虑集团及子公司的现状，包括业务发展阶段、公司规模、业务战略定位、地域跨度、业务相关度、管理能力、信息化程度、企业文化等因素，对集团公司的组织结构进行了旨在提升组织效率的集团化管控设计：

（1）在总部成立十二大中心行使集团化管控，突出强调了集团总部的战略规划、投资决策、资源配置、支持服务、监控协调等职能。

（2）集团总部下设 A、B、C、D 四大酿造生产公司，营销公司及其他副业事业部，对各事业部及总部直管公司在发展策略规划、管理职能优化、具体业务开展等方面给予充分放权，使得他们获得经营自主权，绽放经营活力，为公司的长远发展提供了有力的组织保障，保障业务有序发展。

最终，形成了具有 W 集团特色的主业、副业齐头并进，兼有业务操作、战略管理的混合型集团管控模式。优化后的 W 集团组织结构图如图 1-1 所示。

第一章　W集团组织管理的发展历程

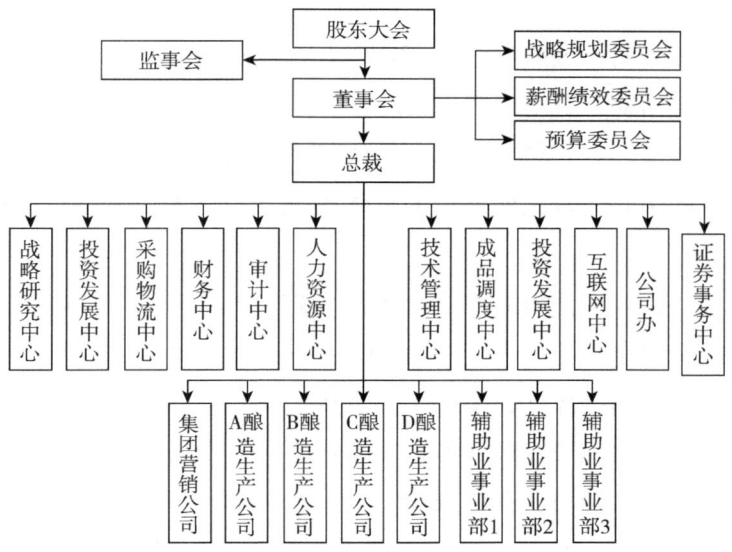

图1-1　优化后的W集团组织结构图

第二节　"部门化组织、公司化管理"

2012年年末、2013年年初,经历了"塑化剂"风波、国家严控"三公消费"以及政务消费市场的限制等事件,企业经营环境急剧恶化,行业发展进入拐点,连续多年的强势增长戛然而止,行业此轮的黄金10年走到了终点。由于消费市场乏力与供给过剩,市场出现了价格下降与库存剧增的情形。虽然行业经过多年的高速奔跑,但部分企业的内部组织管理体系却一直处于粗放式、扩张式管理状态,组织机构重复、岗位冗杂,管理效率急需提升。面对这样的行业形势,W集团同样内忧外患。

1. "组织部门化"

W集团在进行了集团化管控的组织调整之后,于2012年年末立即着手推进"组织部门化"工作。通过明确规定集团组织中各事业部、各分子公司与部门的任务与责任归属，以求分工明确、职责分明，进而有效合理地整合企业资源，有序开展企业的各项业务活动，有效地实现组织目标。

为了使"组织部门化"工作能够具备科学性和可操作性，笔者所在的中心负责此项工作的具体实施，提出了以下四点明确的工作要求：

第一，根据公司战略确定各部门定位与职责。"战略决定组织、组织决定人事工作"。在集团主业、辅业清晰，各自协调发展的战略规划指导下，集团十二大中心部门、集团直管的主业营销公司、四大生产基地、各辅业事业部分别负责梳理所管辖部门的组织定位、职责。根据结果，进一步分析各部门的组织效率，对于效率低下、对上级组织业绩无支持的部门进行裁撤、调整，重新定位部门职能。

第二，实施组织分级管理与编制管理。

为了规范组织设置、调整、撤销等行为，提高组织运作效率，集团制订并实行了组织分级管理。集团、集团各中心及直管公司和事业部、集团各中心下设部门及事业部下设分子公司，分别为一级、二级、三级组织，管辖权都在集团总部。再往下设部门、科室为四级、五级组织，管辖权分别为其所在各中心或事业部、分（子）公司。同时，根据组织规模、组织业绩贡献等，规定各级组织的管理岗位数量，实现组织管理简化。组织的冗余不仅浪费了人力、物力，更影响了办事的效率。

第三，部门岗位设置原则——因事设职和因人设职相结合。

为了保证组织目标的实现，必须将组织活动落实到每一个具体的部门和岗位，确保"人人有事做"。另外，组织中的每一项活动终归要由人去完成，组织部门设计就必须考虑人员的配置情况，使得"事事有人做"。

第四，分工与协作相结合的原则。

亚当·斯密的分工理论认为，分工是提高生产力的重要因素。分工是提高管理的专业化程度和工作效率的必然要求，把组织的任务、目标分解成集团各个层次、各个部门及各个人的任务和目标，明确他们各自应该做的工作，以及完成工作的手段、方式和方法。协作就是指明确部门与部门之间及部门内部的协调与配合。只有二者结合才能提高办事效率。

2. "公司化管理"

在 W 集团顺利进行了"组织部门化"以后，集团各中心（部门）新的管理问题逐步出现，主要体现在两个方面：

首先，随着公司规模的迅速扩张，集团总部的管理幅度、管理范围、管理难度加大。在集团管控架构搭建完成后，很多中心（部门）员工数都近百人，甚至是几百人，管理需要跨区域（总部基地、北京、广州、南京）、跨职能，使得各中心（部门）领导整天忙于日常管理工作无法脱身。

其次，各中心（部门）领导班子的管理能力亟须提高。组织设置可以在一夜之间完成，但管理人员的管理方式、管理能力、管理习惯不可能随之就马上转变到位，需要一个不断提升、不断转型的过程。甚至某些中心、部门的领导依旧按创业阶段时管理几十人的方法来管理现在上千人的队伍，原因或是对部门职能的有效发挥不够重视，或是找不到有效的管理方法。

为此，2013 年年初，我们提出了"公司化管理"项目。通过此项目的推动，使各中心（部门）能像对待公司一样去管理一个部门，以强化部门基层组织建设，推进精细化管理，提高部门执行力。项目具体的细化工作分为两个阶段推进：

第一阶段，优化部门职能、强化监督管理。

（1）设置管理专员岗位。

经过研究，我们规定：各中心（部门）需要设置专职的管理专员岗位；规模较小的中心（部门）必须设兼职管理专员，其职能主要是协助中心（部门）领导进行内、外部工作的系统管理与督办，同时能够对集团及中心的制度、流程进行体系性的梳理、完善、补充、执行情况分析等，从而在组织层面上对制度、流程体系的建立、实施实现保障。

集团管理中心是所有专职、兼职管理专员的对口管理部门，通过定期开展基础管理知识、管理体系知识培训，检查其工作情况，提高各中心（部门）的基础管理水平。

（2）优化各中心部门职能权限分配。

定期对部门工作的情况进行分析，以升级调整中心各部门之间、部门与所属下级部门之间的职能，对涉及的流程进行优化，实现充分授权、充分监督，提高工作效率。

（3）强化内部交办督办机制。

对中心（部门）的重点工作实行交办督办机制，由管理专员对集团级与中心（部门）级交办的重点工作列表汇总，并交办给相关责任人，并予以全过程提醒和监督、考核。管理专员要结合中心（部门）涉及的制度、流程定期进行检查，形成检查报告。

（4）强化计划和总结。

中心（部门）实行周报、月报、周例会、月例会制，员工人数较多的科室，或核心岗位一并实施周报、月报制。

第二阶段，实现部门工作标准化。

"让错误只发生一次"，即减少工作中错误的发生，提高工作质量和工作效率；同时**让成功可以复制**，就是要能够快速复制现有成功经验，让新员工迅速了解、掌握岗位技能。通过对部门工作的流程化、制度化、标准化，实现企业有效的知识积累与知识管理，更好地进行知识共享，奠定企业管理基础，使企业的管理平台发挥作用更大。具体要做到以下几个方面工作：

（1）建立、完善各中心（部门）内部管理制度。

为了满足企业高速发展需要，各方面的管理工作都要达到标准化、流程化、制度化。通过这项工作的开展，目的是减少各层级管理者的日常工作量，使他们有精力、时间聚焦在重点核心工作上。

（2）梳理、修改、优化核心岗位的流程。

要求各中心（部门）排出专项工作计划，对重点岗位先梳理，并草拟出最新的工作标准或作业指导书。试点试用后，再分步出台其他岗位的标准、流程、制度、模板。

（3）建立中心部门各岗位的工作标准。

工作标准化是一项长期工作，要求中心（部门）领导亲自参与各岗位的工作标准化体系工作，由各岗位骨干执笔编写，内部作充分的沟通和讨论，达成一致意见。同时，分管领导要亲自过问、审核重点岗位的工作标准。标准的编写不局限于现有工作流程或内容的描述，重点应关注关键环节，总结工作中的经验、教训，对容易出错、曾经出错、需重点控制的环节要描述清楚。

工作标准化体系建立后，各中心（部门）要对标准进行动态管理，根据工作实际情况随时调整变更。即使工作无大变化，每年也要全面回顾确认一次。

（4）内部考核的系统化。

员工"不做你要求的、只做你考核的"。在规范集团各岗位层级、各职能条线的绩效管理制度后，各事业部、分子公司、中心、部门要制订本单位的细化考核方案，体现集团的绩效管理指导思想，落实年度工作计划要求。

第三节　组织扁平化，横向流程要管理

集团化企业绩效管理体系一般可分为三个方面，即组织绩效、流程绩效和员工绩效。组织绩效在企业制订战略计划时确定，体现了整个企业的任务和目标，并分解到各级组织及部门。流程是指生产产品或者提供服务的一系列步骤和活动。组织中有众多的跨越不同部门的流程，流程绩效管理的任务就是考察流程哪里出现了问题，或什么地方需要改进，以满足组织的战略计划要求。个人绩效一般包括员工绩效计划、绩效指导、绩效评估、结果运用（培训和发展、激励）方面的内容。个人绩效管理集中于怎样促使员工努力工作以达到其工作岗位的要求。

W集团经过多年的发展，尤其是在实施了"管控集团化""部门化组织、公司化管理"之后，其组织设置已经非常完善，在企业组织的职能结构、层次结构、部门结构、职权结构等方面，不仅功能完善，而且管理效率及管理水平也持续提升。然而，随着企业规模的扩大，现有组织绩效、流程绩效也面临了一些问题，如沟通成本、协调成本和控制监督成本上升；部门或个人分工的强化使得组织无法取得整体效益的最优；难以对快速变化的市场需求做出迅速反应，等等。这些问题都是典型的科层式设置所带来的副作用。科层式组织模式往往难以适应激烈的市场竞争和快速变化环境的要求。为此，我们在2014年提出，进行扁平化组织，实现横向流程的管理。

首先，进行机构瘦身，实现组织扁平化。

通过破除公司自上而下的垂直高耸的金字塔式的权力结构，减少各级组织的管理层次，增加领导岗位的管理幅度，以科学合理的分权与授权、定岗定编裁减冗员等手段，逐步建立一种紧凑

的、高效的横向组织，使企业组织能灵活、敏捷、富有柔性、创造性地应对外界环境变化，同时各部门在一定程度上形成能自主管理的有机性组织体系。

其次，通过横向流程管理，强化各部门的自我管理。

如果集团企业的中、基层组织管理不好，那么整个企业就没有活力与战斗力。集团化企业一定要有横向流程，这样企业的运行才会常态化。横向流程管理机制一旦建立以后，就会"让一个工作项目从个别人管变成很多人管"，一定程度上实现了部门的自我管理，而这要加强横向牵头部门所负责实施的长效管理工作。

横向流程管理的核心就是明确责任人，即什么事情谁是"第一负责人"，同时要让作为牵头人"第一负责人"拥有问责他人的权力，使其能运用问责权力把这件事情做起来。如果事情做不好，公司就要问责牵头的人。简单讲，就是"牵头问责，问责牵头""牵头为大，客户导向"。

第四节　互联网时代，自主经营、机制自发化

一般而言，企业发展到一定规模之后，部门之间很容易出现盲点、真空，比如在管理机制和管理职能等方面，不知不觉地滋生出阻滞企业继续发展的种种危机。而处理不好这些危机，日积月累，在行业形势、外部环境发生变化时，往往就成为压死骆驼的最后一根稻草。这也许是对"为什么大企业的生命周期平均是七八年，小企业是二三年"现象的一种解释吧。

在2015年，W集团提出"超越企业生命周期，建立百年集团"的战略构想，在"产品创新、互联网移动渠道、资本并购重组三要素基础上，开始集团组织管控模式转型"。在股东大会上，提出了2016年公司整体发展思路："拥抱互联网时代，组织管理

要升级，机制驱动新发展"。所谓"机制驱动新发展"，就是"突出一个主业，以快消品业务为主导产业，通过持续创新、颠覆性创新实现主业增长；兼顾酒店业务、面粉加工业务、国际贸易业务、电子商务业务等辅助业务的持续发现需要，将辅业作为集团的利润来源；集团管理方式上，通过组织管理模式升级、机制活化等方式，实现主业、副业各自的跨越式发展目标。"

在2016年集团的年度工作大会上，重点强调了实现机制自发化。为了助推"机制驱动新发展战略"的真正落地，追求企业管理水平提升，进一步激活机制，以实现自动、自发、自我的管理，集团提出了各项具体要求：

第一，基于客户价值进行商业模式创新。

企业要想提升未来的战略发展空间，必须能够创造客户价值。通过基于客户价值的商业模式创新走进客户、走进消费者。企业不再单一靠研发一个产品去渗透市场、扩大市场，而是围绕客户价值创造进行系统化的布局与思考，进而资源整合，构建企业营销价值链，从而实现业绩的突破性成长。

第二，从组织上来讲，大组织做小，划小经营核算单位。

从组织角度来讲，互联网时代的企业转型，就是把大组织化小，把大企业化小。管理去中心化，将中央集权转变为小作战单元，这就是一个发展趋势。不管是海尔的自主经营体，还是华为的"班长的战争"，都是在把大企业做小，增强基层的战斗组织，激发经营活力，提高各个经营体的自主经营能力。

把集团组织化小的方式有很多，比如把各个业务板块进行公司化、部门化、项目化，等等。这些都是可以选择的路径。优秀企业进行的阿米巴经营实践，就是把集团经营业务不断化小，把大企业做小，把一个大组织变成千万个自主生存的小组织。这是可以借鉴的方向之一。

相应地，要想激发组织活力，原有的中央集权管理就要变成小单元自主管理。把企业的价值创造活力作为我们组织管理的目标，使组织越来越扁平化、管理层级越来越少，在流程规范基础上管理效率、做事的效率进一步提升。同时，总部该强化的职能一定要加强。什么是该强化的职能呢？一定是那些有利于提升企业未来3~5年核心竞争能力的职能。未来的集团总部要平台化、集约化，以此提高总部对市场一线的支持服务能力，实现"总部专业强化、事业部管控弱化、分子公司运作活化"，这是未来组织变革的趋势。

我们要试点阿米巴经营管理模式。首先在各事业部、各直管公司的营销系统进行试点。同时，在集团的各中心管理部门要安排多轮阿米巴经营的研讨与探索，作为试点的指导依据。

第三，形成组织绩效与员工绩效的联动，打造利益共同体。

首先，要明确考核导向，就是组织目标要什么就要让员工干什么，员工干什么你就要检查什么，你检查什么就要考核员工什么。要让组织的目标变成组织内每一个人的自觉行动，这就是考核导向。其次，是要考准对象。我们要考核的人，一定是能够对这件事的结果负责的人。考核的基本原则是，要体现责任、权力、利益、能力对等，并通过科学的考核机制实现员工责、权、利、能的动态平衡。最后，重要的考核事项是要同时考核员工与他的领导，起到最大联动效应。组织行为学的管理原则告诉我们，如果员工自己的工作业绩不好而连带他的上级领导受处罚，效果是最大化的。这样还会使组织系统各岗位之间上下联动起来，进而把组织的活力激发出来。

第四，企业文化创新，打造"员工－企业"的事业共同体。

集团提出"职业文化"以来，通过十几年的不断实践取得了很好的效果。但是，在互联网时代，管理有了新的变化与要求。

管人就是要用管理人的方法。要提倡军队文化、执行文化，要提倡奋斗文化、绩效文化、结果导向。我们任用人才时，不仅要看业绩与贡献，更要关注他对企业文化的认同，看他的敬业精神、责任心和使命感。2016年集团要在企业文化的弘扬上要下功夫，要倡导"以人为本，以奋斗者为纲"。要把奋斗者的位置更突出，通过利益共同体+事业共同体+文化共同体的三体合一，使得员工与企业貌合、心合、神合，共赢未来。

第二章　W集团对中国式阿米巴经营模式的思考

第一节　阿米巴经营模式

1. "身患癌症的大象"重新飞翔？

2010年1月份，年近八旬的日本"经营之圣"稻盛和夫先生接手了破产的全亚洲规模最大、全球第三大的航空公司——日本航空公司。这个曾经的世界500强企业，近年来由于自身原因，加上受油价上涨和经济低迷等大环境的影响，经营陷入困难，最近5年中有4年亏损，总负债高达2.32万亿日元（约合256.5亿美元）。

这家有着日本政府背景的航空公司重病缠身，就像是一只"身患癌症的大象"，组织体制官僚化、机构设置臃肿、员工缺乏责任意识、执行力低下、人浮于事……职员习惯于"大锅饭"，对有效提升业务效率的建议，一直都采取抵制态度。可是，这样一家问题重重、病入骨髓的企业，就在稻盛和夫上任一年之后的

第二章
W集团对中国式阿米巴经营模式的思考

2011年4月份,年度决算报表中显示已经实现盈利1884亿日元(约合150亿人民币),远高于计划的641亿日元,并夺下了全球航空业利润第一的宝座。

以我们惯用的"条块明细管理咨询诊断技术"分析,日航存在的问题太多了,包括企业文化、经营战略、组织架构、市场营销、人力资源、制度流程、员工心态、高层领导能力、员工执行意识等各方面在内,问题似乎无以计数且交错复杂,要在短时间内让这只"巨象"重获健康,几乎是一件不可能完成的任务。

稻盛和夫在上任之前曾这样说道:"虽然在航空事业方面我是门外汉,但长期来,作为经营者,我在经营企业的经验中归纳出了正确的经营思想(即稻盛哲学)和有效的经营模式(即阿米巴经营)。同时,我在自己的人生中总结出了作为人应该持有的正确的思维方式。我希望将这些传授给日航的每一位员工,我希望全体员工想法一致、齐心协力投入日航的重建。我认为,日航重建成败的关键,就在于能否有效地建立起上述这种体制。""我没有什么特别的高招,我到日航去,就是要把我的经营哲学渗透到日航的员工中去,再没有另外的技巧。"

在稻盛和夫看来,日航陷入困境只是由于缺乏两个方面的内容:一是"正确的经营思想";二是能够将这种思想贯彻到每一位员工的"系统经营体制"。如果能够成功地向日航员工注入他的"经营哲学",日航必将重获新生。

稻盛和夫在2010年底接受采访时表示:"在企业的管理体制没有任何改变的情况下,通过全体员工的认真努力,每个月都设法消减损失浪费,这样做的结果是,到了2009年11月月底,我们已经取得了1400亿日元的巨额利润。"

中国有俗语叫作"大道至简",最有智慧的人都是把复杂的问题简单化。经营好一家企业也当如此,必须化复杂为简单。本案例中稻盛和夫先生采用的化繁为简的神奇方法就是"阿米巴经营"。

2. 阿米巴经营模式

据说,在非洲有一种变形虫叫作"阿米巴",能够随外界环境的变化而变化,不断地进行自我调整来适应所面临的生存环境。稻盛和夫先生在早年的创业初期遇到经营困难时,正是受到了阿米巴变形虫的启发,将整个公司分割成许多个被称为"阿米巴"的小型组织,让他们独立经营、自主管理,从而使企业能快速适应市场变化,最终大幅提升了企业利润。这种模式被称为"**阿米巴**"经营模式。

所谓"阿米巴经营",就是将公司划分为若干"小集体",公司内部的小集体组织就像是自由自在地重复进行细胞分裂的阿米巴。作为一个核算单位,阿米巴是一个拥有明确的志向和目标、持续自主成长的独立组织。以各个阿米巴的领导为核心,让其自行制订各自的计划,并依靠全体成员的智慧和努力来完成目标。通过这种做法,让第一线的每一位员工都能成为主角,主动参与经营,进而实现"全员参与经营"。在京瓷关联公司的指导下,日本已有众多企业引进了阿米巴经营模式,业绩得以大幅提升。

实施阿米巴经营的具体管理方法和手段,是将企业分割成一个个独立核算的"阿米巴直接利润中心"并开展授权经营,以经营理念和原则为指导,以"年度经营计划"为基础,运用单位时间核算的经营会计和内部交易定价等量化落地工具,实现企业组织的"量化分权",达成"自我循环改善",最终实现"员工自主经营","全员参与经营"。

稻盛和夫开创性地构建了精细的部门独立核算管理机制,从而能够准确地掌握各阿米巴组织的经营内容。同时,坚持玻璃般透明的经营原则,让所有人都能清晰地了解每个部门的经营状况。把公司细分成所谓"阿米巴"的小集体,从公司内部选拔阿米巴领导,并委以经营重任,从而培育出许多具有经营者意识的领导,也就是经营伙伴。也就是说,一方面在业务快速扩大的过程中,通过基于阿米巴经营模式的部门独立管理会计体系,可以一目了然地掌握所有部门的经营状况,从而在瞬息万变的竞争中能准确、迅速地做出经营判断;另一方面能在快速发展、规模不断扩大的过程中,培养出同甘共苦、共同分担经营重任的经营伙伴,让企业的飞速发展获得保障。

同时,为确保阿米巴的有效实施,稻盛和夫强调正确的经营哲学与做人准则的重要性。企业的领导者必须具备"正确的做人准则"的哲学和伦理。企业经营的目的是"追求全体员工物质与精神两方面幸福的同时,为人类社会的进步与发展做出贡献。"如果缺乏正确的哲学思想和伦理观,即便具备了严密的管理制度,都无法起到真正的作用。因此,为了使企业能够取得健康的发展,就必须确定一套任何人都视之为正确并践行的"经营哲学",并建立一套基于这种经营哲学的"经营管理体系"。

通过经营理念(哲学)、核算工具的综合运用,每个阿米巴都是一个独立的利润中心,就像一个中小企业那样活动,经营计划、实绩管理、劳务管理等所有经营上的事情都由他们自行运作。每个阿米巴都集生产、会计、经营于一体,而且各个阿米巴小组之间能够随意分拆与组合,这样就能让公司对市场的变化做出迅捷反应。

第二节　中国式企业"自我管理"的启示

1. "散木"的智慧

《庄子》中记载了这样一个故事。

有个石木匠到齐国去,经过曲辕,见一棵栎树生长在社庙旁边,被奉为社神。这棵树大得难以形容,它的树荫可以供几十头牛同时歇息,围观的人多极了。可是,石木匠连看都不看一眼,径直向前走。他的徒弟却为它神迷,看后跑着追上师傅说:"自跟随师傅以来,从没见过这样好的大树,而您却看都不看,这是为什么?"石木匠说:"这是散木。做船会沉,做棺材会很快腐烂,做用具会坏得快,做门户会吐脂,做屋柱会蛀。总之,是做什么都不行。"

当天晚上,石木匠做了一个很奇怪的梦。他梦见这棵大树对他说:"你认为我无用就不好吗?如果我有用的话,我不早就被砍掉了吗?如果我有用,我能长到现在吗?如果我有用,我能长到这么高大吗?因为无用,所以我才能有这么长的寿命,因此我是无用而有用。而且,虽然我的树干无用,但是我枝干上面有用就行,只要上面的树枝有用,它就会长得更高,长得更大,所以我无用是我最大的用处,是无用而让我变得更有用。"

这种"散木"的智慧,正是一个领导人应该仔细思考的。如何做好"无用"的树干,养育、培养"有用"的树枝,这样整个大树才能枝繁叶茂、绿树成荫、良材辈出、硕果累累。

今天许多企业发展了很多年之后,却发现自己还只是"小树",究其根本,是高层领导者没有做好那些看似无用的树干工作。在企业当中，企业商业模式、战略、经营理念、企业文化、运营模式和管理系统都离不开领导人的思想，就如同树干从根部不断地吸收养料和水分输送给各个树枝分叉。那些认为下属没有自己做得好，或者担心授权后还要重做，所以什么事情干脆自己办的领导，使得下属没有锻炼的机会，也就没法培养更多的接班人。其实质是占着树干的位置整天干着树枝的活，结果是兢兢业业地把企业领向了发展的"慢车道"。

因此，企业领导者需要用"无为而治"的方式来统帅、指挥全局，最终"无为而有治"。这才是成大事、立伟业的根本之道。

2. 中国式的组织自我管理

笔者认为，"无为而有治"是中国式组织管理的最高境界。汇聚天下英雄成就伟业，是很多英雄豪杰的平生夙愿，古今皆同。站在光明顶上，号令天下才俊，需要有"大的管理智慧"。老子说："无即有，有即无，无中生有，有中皆无。"这套用到企业当中就是，以"自己无能、无用、无为，团队有能、有用、有为"实现"无即有，有即无，无中生有，有中皆无"的结局。

企业管理高层能使"自己无用，团队有用"，是领导者最重要的战略部署；能让"自己无能，团队有能"，是领导者最重要的能力所在；能让"自己无为，团队有为"，是领导者在企业最大的作为。对于当代的企业，弄清"无为而治"的含义及实现路径具有现实意义。

第一步，上层有所为。老子曰："以正治国，以奇用兵，以无事取天下。"无为而治要建立在规范管理的基础上，领导者要具备高超的领导艺术，要平衡集权与授权的度，有为而不妄为。任何组织在建立初期都要有所为。有所为的主要表现形式就是制度。一个没有制度或制度不能够被严格执行的组织，连管理都说不上，哪里还有无为而治？所以，有所为是无为而治的基础。

第二步，上层有所为有所不为。在现代管理中"有所为、有所不为"的管理方式也越来越被重视，管理者的大部分工作不是去控制员工而是去帮助员工，要少做监工多做推手。哈佛大学教授、全球领导力与变革大师约翰·科特说："在变革时代，企业不论大小都应该既有管理又有领导，成功的关键是80%靠领导，其余20%靠管理，而不能倒过来。"

第三步，下层大作为。无为而治最终成功的标准是，上层甘愿做好貌似"无用"的散木树干，下层被充分动员起来，被"无为"的管理手段激励出澎湃的激情，在广袤的领域中亢奋忘我的大有作为。这种大作为具有几个特点：

其一，上层无为而下层有为。这一关系是不可颠倒的。一旦下层无为而上层有为，组织就进入了某种病态。北宋的王安石变法，失败原因有多种，但有一点不能忽视，就是民间对变法基本上没有热情，变法的着眼点是增加国库收益，老百姓得不到多少实惠。结果剃头挑子一头热，执行中下面阻力过大，扭曲过多，葬送了变法。

其二，能有效地激发出下层澎湃激情。如果下层没有积极性，处于无为状态，而上层火急火燎要干事业，那么上层的有为多半要撞上南墙。

其三，要在"无为"掌控下，大量涌现各种"有为"。再大的树冠、再多的树枝，肯定是要长在树干上的。上层要能够引导、培养、激励、控制各种希望出现或限制出现的下层行为。

其四，彻底实现员工的"自我管理"，是企业"无为而治"的根本保障。要实现"无为而治"的管理境界，并不是一蹴而就的，是一个系统工程，其中重要的管理目标就是实现员工、部门、企业的"自我管理"。

笔者认为，企业组织的自我管理有三种境界。第一个境界，就是企业组织的各大板块自我管理。组成企业集团的各产业板块、各事业部门能够进行自我管理,能够按照集团的战略发展规划,自行开展工作并达成集团下达的组织业绩目标。第二个境界,就是企业最基层组织的自我管理。每一个基层组织都能实现自我管理,都能营造基层组织的文化,让每一个细胞都是自动、自发、自我的进行管理。大企业的管理必须要实现最基层部门的自我管理。第三个,也是最高的管理境界,就是每个员工,能够在这个集团体制、体系范围内实现自我管理。这要靠企业的机制导向、企业的文化导向等组成的企业平台系统共同发挥作用。

第三节　W集团对实施阿米巴经营的思考

1. W集团对阿米巴的理解

经过综合分析,结合目前阶段的W集团实际情况,笔者认为,暂时可以将"阿米巴经营"理解为:一种"**企业理念+核算工具**"的经营、管理方式,即**一套由"量化分权"的工具和方法+企业自有经营理念+强势企业文化**组成的经营管理方式,如图2-1所示。

随着企业管理水平的不断提升,以及运用"量化分权"的工具的水平提高,逐步实现大组织做小、划小经营核算单位,管理去中心化,从中央集权变成小作战单位,将经营权逐步下放到业务第一线,彻底释放每一位员工的智慧,让每一位员工成为主角,主动参与经营,打造激情四射的集体,最终达到依靠全体智慧和努力完成企业经营目标,实现企业的飞速发展。

我们可将阿米巴经营哲学理解为一个企业的"经营理念",是经营企业的"道"。它包含人和企业应有的精神规范,以及企业经营的辩证法等,统驭指导阿米巴经营的具体方法。而阿米巴经营方法是管理企业的"术",即经营企业时实际应用的各种管

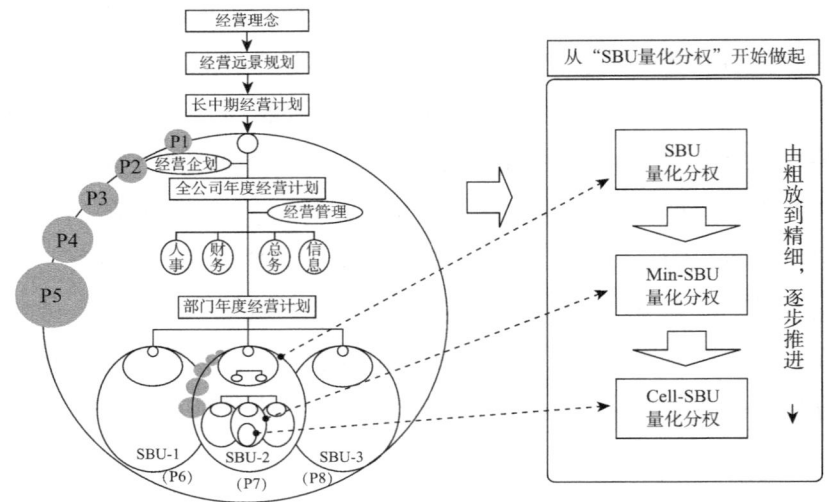

图 2-1　W 集团对阿米巴的理解

理技术,其最核心的是体现经营理念"核算工具"。二者相辅相成,经营之"道"与"术"结合,铸就企业经营成功。

在企业实践运用中,切忌只看结果、急功近利。正如稻盛和夫所言:"人生唯一的目的就是修炼灵魂,使其在谢幕之时比开幕之初高尚一点点。"在企业经营中,不仅要精于"术",更要专注于"道",一个伟大的企业必然有一个立足高远的领导者,而深谋远虑,当从"修心"开始。

结合多年企业管理与咨询经验,笔者认为,在企业界的管理实践中,这种以小规模的组织单位来承担利润责任的经营管理模式,未来一定会成为主流趋势。但是,考虑中日文化、管理制度的差异,这种经营管理模式在本土化的企业实践中,一定要认真思考以下四个方面的问题:

其一,企业制度、机制设计时,对人性的前提假设是什么。

《三字经》有言:"人之初,性本善。性相近,习相远。"大意是:人在刚出生时,本性都是善良的,性情也很相近。但随着各自生存环境的不同变化和影响,每个人的习性就会产生一些差异。

阿米巴经营哲学强调"敬天爱人",即常以光明正大、谦虚的心态对待工作,拥有一颗崇尚自然、热爱人类、热爱工作、热爱公司的心。显然,这更多的是基于对人性为"善"的假设。这与中国民族的传统文化对人性的假设是一致的。

改革开放近40年来,中国企业引进了大量"西方现代管理的思想和工具"。而这些工具假设前提往往是"人性本恶",主张通过制定一系列严密的"制度(工具)"来规范和约束员工的行为,以此规避企业经营过程中的潜在风险,因为不排除人可能因为受到外部环境影响有时会表现出"性本恶"的一面。

W集团需要能够在继承传统文化"人性为善"的基础上,综合考虑人性的复杂性,立足"以人为本""以奋斗者为纲",将阿米巴经营方式科学嫁接到现有的公司制度体系。

其二,民族文化、企业文化的不同,造成员工的职业习惯不同。

日本是一个很有民族特点的国家,日本企业的员工任职期限往往很长,员工跳槽现象很罕见,难度也非常之大,同时工资又与资历、工龄挂钩,所以员工非常忠于企业。与日本相反,中国改革开放近40年来,经济获得快速发展,员工跳槽成本很低,人才流动率非常高,忠诚度相对很低。因此,如何让员工真正相信企业文化并认真执行,是中国企业还要努力解决的棘手问题。

集团在经营实践中,要考虑分步骤、分层次地进行文化建设与落地工程,使阿米巴经营从企业理念转化为员工理念,再从员工理念转化为员工信念,最后从员工信念转化为员工行为。通过强势企业文化塑造与导入,短期可以助力阿米巴经营的持续推进与组织变革成功,长期有利于固化阿米巴的推进成果。

其三，核算工具与方法。

阿米巴核算采用的是"单位时间核算制度"，这是一种能体现单位时间里所产生的附加价值的会计体系。以生产部门为例：

单位时间附加价值销售额－费用（劳务费以外的原材料费等）总劳动时间（正常工作时间＋加班时间）。

集团要思考一种适合企业实际的，而且简单、易学、易用的核算工具，同时将人工成本也进行核算，全部费用都计入总成本，全面反映各级组织的经营水平。

其四，如何有效激励员工问题。

阿米巴的经营理念认为，"追求全体员工物质与精神两方面幸福的同时，为人类社会的进步与发展做出贡献。"员工的工资和奖金与"单位时间附加价值无关"，甚至可以对相同经营结果的阿米巴支付不同的薪酬，从而有效地弱化了各个阿米巴为争夺内部资源而所做的"内部投机"工作，只将如晋升等各种机会与经营业绩相挂钩。

现在，大多数中国人对"打破平均主义大锅饭"的接受程度非常高。从多年的实践来看，一方面，以关键业绩指标 KPI 为主导的考核方式、宽度薪酬的付薪方式，确实对组织业绩提升有很大帮助；另一方面，这种片面强调物质的激励方式，对"80 后""90 后"的广大新生代员工激励效果越来越差。

W 集团要建立一种结合物质激励与精神激励的全面激励方式，在有效激励员工的同时又能强化团队意识，形成自主经营、自我运作的经营单元。

2. 互联网时代，W 集团组织自我管理的要求

华夏基石咨询公司董事长彭剑锋教授认为，在互联网时代，未来企业的组织管理会出现几个特点：

其一，员工和客户的界限模糊化，员工是客户，客户是员工。客户会成为你的品牌推广者、产品服务设计者、生产参与者，员工也是你的客户，要用服务客户的思维管理员工。

其二，用会计核算体系去核算组织中每个人所创造的价值，进行人力资源价值管理。与组织化小经营单位相对应的，价值创造的核算也会落实到每个人，对每个人的价值创造进行价值管理。人力资源价值管理时代将到来，即真正通过一种机制设计、制度设计去提升每个人的价值创造能力，目标就是让每个人成为价值创造者、让每个人有价值地工作。这是两个核心目标。互联网时代企业人力资源管理的核心就是通过价值管理激发活力、激发价值创造能力。

其三，建立人力资本合伙人制度和全面认可激励制度。人力资本合伙人制度就是强调人力资本要优先投资、人力资本参与利益分享、人力资本要参与企业的经营决策。对普通员工，现在提出要进行全面认可激励，就是员工只要是为企业做出贡献、符合企业价值的所有行为，企业都给予认可、给予评价、给予激励。让评价无时不在，让评价无处不在，使得评价体系变得透明，使价值分配有客观依据。

其四，激发所有员工的创新创业精神。海尔的自主经营体和员工创客化就是一种尝试。员工的一个点子、一个创意、一项能力，在企业的扶持下，它就可能会变成一个产品，再从产品变成一个公司，企业内部就激发了创新创业的活力，企业也就有了永不枯竭的持续创新动力源泉。人力资源的价值开始成为企业业务推进主要的动力来源，知识真正在雇佣资本、人力资本在优先发展，这正是在互联网时代对战略、组织和人力资源所提出的要求。

W集团一直在努力建立一种具有鲜明、独特的互联网时代特色的企业组织自我管理模式。遵照互联网时代企业组织的发展趋势，大企业化小、小组织自主经营，管理去中心化的管理思想，企业实现从"卖产品"向"卖服务"转型,从由生产制造为主向服务为主的转型,从中央集权向去中心化转型,员工管理模式从听命于上级向听命于用户需要转型。

具体要达成,有以下几个方面要求:

(1) 将市场机制引入企业内部,逐步实现组织平台化。通过划小经营单元,逐步消除市场与企业之间的界限,将市场的竞争机制与压力传导到企业内部的各个经营单元;各个经营单元的不断裂变、合并,消除原有固化的部门界限,提升企业整体的运营效率、逐步实现组织运作平台化。

(2) 实现企业目标与个人目标的高度统一。通过公司全体干部、员工共享价值观与经营理念,共同制定、落实工作目标,分享当期创造的价值,让每位员工从经营中体会到快乐,使所有员工达到人融入、心融合,员工与企业的目标高度统一、同步成长的目的。

(3) 自上而下和自下而上的融合。通过市场机制,充分调动员工的主观能动性,着眼全局、不只考虑自身利益,自上而下、自下而上有效融合;努力增加销售收入,减少各项成本,缩短劳动工时,扎实提高单位时间创造价值。

(4) 实现全员参与企业经营。通过向每一个经营单位授权的形式,为员工提供一个施展才能的舞台,发挥员工的智慧和努力,实现全员参与经营。公司经营的核心资源是人,在经营单元运营过程中,充分关注有潜在经营能力、管理能力的员工,从而将以人为本从口号落实到行动中。

(5) 通过经营业绩核算,衡量员工贡献,培养员工的目标意识。以部门的经营业绩核算结果作为衡量员工贡献的重要指标,培养、提高员工核算意识,促使部门之间竞争,进而培养员工的目标意识,提升其成就感。

综合考虑阿米巴经营模式的借鉴意义,以及在互联网时代 W 集团企业组织自我管理的要求,结合企业实际情况,笔者提出了建立具有 W 集团特色的、适合于其当前发展阶段的阿米巴经营模式"。

3. W 集团阿米巴经营模式

具有 W 集团特色的阿米巴经营模式,是笔者总结了 W 集团长期经营实践,借鉴了国内外优秀企业的相关经验,为提升组织的环境适应能力、市场竞争力,有效实现公司的战略及经营目标而设计的经营管理模式。

W 集团的阿米巴经营,就是按照企业的组织层级、产品、工序、区域等因素,将其裂变成许多个小型经营单元。每个经营单元都是一个独立的利润中心,进行独立核算;每个经营单元同时又是一个生命体,可以根据内外环境的变化,进行快速分裂、合并、成长等。鉴于集团阿米巴经营的企业化落地实践中的众多特殊性,我们将每个独立核算的经营主体称为"经营单元"。

从本质上看,W 集团的阿米巴经营模式是一种小集体独立核算制度,是从经营角度去解决企业各类管理问题的经营模式,也是以经营哲学为指导,"年度运营计划"为基础,运用单位创造价值核算工具、分析工具实现企业组织的"量化分权",达到"自我循环改善"的经营体系。通过这种做法,让第一线的每一位员工都能成为主角,主动参与经营,进而实现"全员参与经营"。

W 集团阿米巴经营模式,可称为"自主经营 152 管理模型",共计包含 8 个核心要素,分为三个基本层次,如图 2-2 所示。

第一层次为核心层,包含 1 个要素,即企业的经营哲学体系,这也是阿米巴经营模式持续运作的核心动力来源。

第二层次为运营层,包含 5 个要素,即目标指标体系、经营单元组织体系、经营核算体系、运营激励体系与激励提升体系。

第三层次为支持层,包含 2 大支持要素,由经营长队伍建设体系、经营长能力开发体系组成。

通过这3个层面、8大核心体系的互动有机运行，逐步在员工与企业之间形成由利益共同体到事业共同体的战略性伙伴关系，最终实现员工自主参与经营、员工与企业的同步成长。

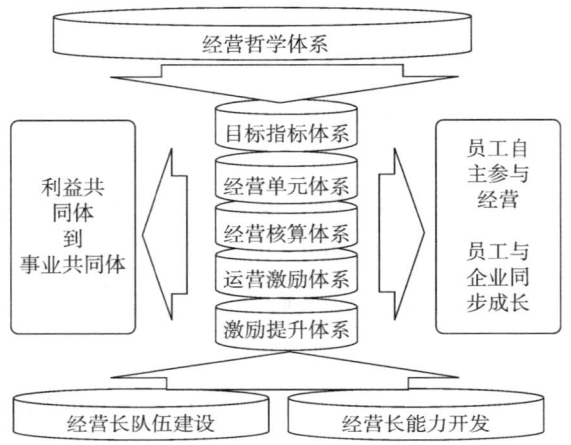

图2-2　W集团阿米巴经营"152管理模型"

第二部分
W集团的阿米巴经营模式设计

第三章 经营哲学篇
（核心层）

第一节　企业需要经营哲学

1. 管理总有缺欠，唯有经营哲学才能完美无缺

稻盛和夫接手日航的时候，当时的日本首相鸠山由纪夫亲自登门拜访。稻盛和夫拿了象征性的一元钱去接手这个濒于破产的企业。他短时间内就使日航由一个亏损企业变成亚洲最赚钱的航空公司。受访解说拯救日航的秘密时，大家把耳朵全部竖起来，很想听到他的"管理秘诀"是什么。结果他在二十几分钟里，讲的是如何解决员工的士气、让员工燃烧激情，一点没有讲到如何去做阿米巴经营的细节。当时大部分听众不理解其中之意，甚至有部分企业家还以为他不愿谈"管理秘诀"。实际上，很多人期望的"秘诀"，就是稻盛和夫所说的"我只是将京瓷的经营哲学引入日航"。

简单地说，企业的经营哲学，就是企业的最高"宪法"，是企业在经营活动中，对发生的一系列关系的态度总和，是一种价

值观体系。这个价值观系统影响企业组织和员工的行为准则，是判断事物的是非准则。企业的战略、管理、机制和制度，甚至典礼仪式，无不受到它的影响。经营哲学贯彻得好，能够成为各级管理人员的行为纲领，成为指导各项经营管理工作的基本准则，成为统领其他管理制度、政策、规范、对策的基础法则，能够指引企业发展。它能将企业领导人的思维转化为看得见、摸得着的东西，从而提高企业各级员工对企业集团的认同感、成就感，自发工作，使得企业的管理变得简单。

企业经营规模越大、人员越多，员工思想就越多元化，在面对涉及企业利益、个人利益的问题诱惑时，往往容易发生不体面的事件或者丑闻。这时，企业需要用一种思想来约束其行为，这种规范思想就是一种面对利益诱惑时的价值观，这就是经营哲学。在企业内确立这样的规范，成为人们的共识，就能防患于未然。几年前，国内乳制品巨头三鹿集团因发生了"三聚氰胺毒奶粉"事件，导致资不抵债而破产。这类舞弊丑闻之所以发生，起因往往是因为企业没有明确确立正确的经营"哲学"，或者这种"哲学"没有在企业里面得到认同。

管理的深处是哲学，执行的背后是文化。无论是否已经认识到、自觉或不自觉，客观上每个企业都存在着自己的经营哲学。很多企业在以前可能经营得很好，向着"百年企业、基业长青"的美好愿景努力奋斗，然而几年、十几年下来，差别却非常大，有的倒闭了，有的原地踏步，有的则成为行业领袖。究其背后的根本原因，正是企业的经营哲学是否正确、完整地得到贯彻落地。

例如，海尔实行"人单合一"模式，将每一位员工从管理的客体变为经营的主体，在实践中获得了巨大成功。但很多学习海尔模式的企业，尽管也在自己的企业中制定了落地实施方案，但是取得成功的并不多。究其主要原因，还是各个企业的经营哲学与企业文化跟海尔是不同的。"简单的事情坚持做就是不简单"等海尔经营哲学与企业文化，是"人单合一"模式成功的保证。因此，企业无论实行什么样的经营模式，首先要先有与其适合、体系完整的经营哲学。在此基础上，持续而坚决地推动实施，调动员工的积极性和创造性，才能最终让该经营模式取得成功。

没有经营哲学，制度就没有灵魂；而没有制度，责任心就没有根基。没有责任心，企业管理就没有效率。因此，经营哲学就是企业最大、最核心的制度。中国台湾的经营之神王永庆认为："经营理念和企业之间的关系就像是人的心灵与肌肤一样，只有在彻底地融为一体之后，人才是一个有生命力的人。"不管是管理制度还是工具，都要以贯彻企业的经营哲学、理念为前提。只有将正确的理念贯彻到人心，才能真正弥补制度的漏洞，让管理工具成为企业发展的助推器。

2. 经营哲学需要解决五个问题

企业集团发展到一定阶段，尤其是在多元化发展时，会发现仅仅依靠制度与流程很难进行有效的全面管理。此时，企业就需要用自己的经营哲学理清管理思路，达成共识。我们认为，通常情况下，完整的经营哲学体系需要解决以下五个问题：

（1）文化价值观：集团核心理念（使命、愿景、核心价值观、利益相关者等）、文化品格（文化象征、文化基调、企业精神、企业作风、企业口号、员工意识等）。

（2）战略、产业布局：明确战略组合、产业调整、社会资源配置。

（3）顶层设计：明确企业集团领导体制、子公司法人治理功能、各层级组织定位及各自角色、核心机构的作用与职能。

（4）重要规则：明确基本运行准则，建立经营目标管理体系、基本经济政策（针对各市场主体）、重大决策程序、基本激励约束政策（针对各市场主体及负责人）。

（5）激励机制：明确人才策略、新老员工价值、员工职业化要求、内部竞争机制、价值分配原则、员工发展机制等。

3. 打造命运共同体是经营哲学的目标

企业的生存不仅关系到企业的命运，而且也关系到员工的命运，企业和员工应该成为命运共同体。现代管理学之父彼得·德鲁克在其《新型组织的到来》（1988年）一文指出：在20年后，企业的组织结构将发生变化，特别是知识型员工将成为企业的主体力量，企业需要打造"知识共同体"。其实，他针对知识工作者设计的"知识共同体"，也可以引申到企业每一位员工上。

说到底，使员工参与到企业经营之中，实现经营单元的自主经营，目的都是要促进企业的发展，但关键在于如何能让员工朝着与公司一致的目标和理想努力。彼得·德鲁克用了一个形象的比喻来说明管理者和知识员工所应承担的任务，即整个公司就像一个乐队，"上级不能做本该由下属去做的工作，就像乐队的指挥不能自己去演奏大提琴一样。"乐队中的每一个人各有所长，不可替代，在一张乐谱下，演奏出恢宏的乐章。而经营哲学正是让组织中分工不同的群体能够按照统一的方向努力的保障，就像是乐队的指挥。

进一步来说，在发展过程中，企业需要通过机制建设将员工与企业关系，从利益共同体提升为事业共同体，最终打造成命运共同体。下面我们来具体看看三个"共同体"的内涵：

第一，利益共同体是指将员工的利益与企业的利益紧紧结合起来，而不是尽可能压榨劳动力。在马斯洛的需求层次理论中，人的需求分为生理、安全、情感和归属、尊重，以及自我实现的需求。为了激励员工追求更高层次的目标，就要先满足其最基本的生理与安全需求,即给予足够的报酬。

第二,事业共同体是指员工是企业的组成部分,要将员工的事业与企业的事业连成一体。企业应该保证员工能够得到学习与培训的机会,使员工不断地充实自己,最终实现自我。对于一家企业来说,只有员工与企业的事业均有所成就,才能算真正的成功。

第三,命运共同体是指员工与企业价值观相同,员工不再是被动地接受任务,以劳动换取报酬,而是将自己的命运与企业的命运连在一起,主动积极地承担责任,为企业创新贡献思想。企业就像一个生命体,员工是其中的细胞,经营单元是器官和组织,他们与企业这个生命体休戚相关、生死与共。

通过以上分析可以看出,企业发展应该将员工与企业的关系,逐渐从利益共同体、事业共同体转化到命运共同体。接下来,企业要思考的是,如何将命运共同体的理念渗透到经营团队与员工身上,即如何提炼经营哲学,又如何将其落地。

第二节 如何提炼经营哲学

1. 正向经营哲学的 6 个导向

员工的外在行为是内心真实想法的表达。因此,只有员工内心对企业有信任感和认同感,才能真正在行动上帮助企业发展前进,走向成功。

当员工价值观和企业价值观相同时,员工的工作热情才会高涨,团队才会具备强大的凝聚力,组织之间沟通成本得以降低,运行效率得以提升,组织目标也就更易于达成。因此,仅是企业经营者具有经营哲学与价值观还不行,普通员工也要有一套共同的经营哲学和价值观。这即是"哲学共有"。

企业经营的核心是经营人才，而经营人才的核心是经营人心。人力资源是企业最核心的资源，企业要生存并得到发展，就要合理有效地整合与使用人力资源，使其最大限度地创造价值。因此，如何关注人性、凝聚人心，如何打造一支"心往一处想，劲往一处使"能征善战的团队是企业管理的核心课题。

无数事实证明，只有积极正向的、能够激发人性光辉的经营哲学，才能有效地凝聚人心、被员工甘心接受。正如稻盛和夫先生经营的世界级企业——京瓷，它的经营哲学核心为"做人何为正确"，强调在"敬天爱人"的理念下从事各项经营活动、处理企业内外部各项业务。这种经营哲学非常符合人类社会长期以来所形成的伦理观、道德观和社会规范，而不是为企业自身这个小组织利益呼喊口号。它立意高远，视角宽广，员工在经营业务时无愧于心，确是一种能真正激发正能量的经营哲学。

一般来说，正向的经营哲学具有以下6个导向：

（1）客户、市场需求导向。企业的生存价值是为客户创造价值，提供良好的产品与服务。客户是企业生存的根本，企业要具备深刻了解市场需求的能力，超越客户期望，创造性地满足客户需求。

（2）竞争、差异导向。避免同质化竞争，在市场上打造独树一帜、不可复制的差异性，是一家企业的核心竞争力所在。

（3）责任、伦理导向。经营哲学明确体现社会责任意识，为社会创造价值并且回报社会，让企业与社会和谐发展。经营哲学要符合主流社会的价值观、文化传统、道德观，体现真、善、美。

（4）牵引人心导向。当企业目标与个人目标之间发生矛盾时，尤其是企业在变革过程中，涉及各方切身利益而产生阻碍与抵制时，经营哲学能够引导企业员工的行为与企业目标保持一致。

（5）约束行为导向。在企业发展过程中，当制度落后于企业发展、制度失效发生时，经营哲学能够潜移默化地影响企业员工的思维模式和行为模式，约束、规范员工的行为，引导员工做出企业希望的行为。

（6）共赢、共发展导向。经营哲学的最终目的是要实现企业与员工之间、企业与社会之间、企业与股东之间共赢、多赢，共同发展。

正向的经营哲学在易于员工接受的同时，对员工的行为进行不断的约束、引导，再而反过来潜移默化影响员工的价值观，在使员工与企业的价值观趋向同步的过程中，逐步凝聚员工的人心，形成上下同心的团队，发挥精神的强大牵引作用。

2. 提炼经营哲学的 4 个步骤

通常，参照正向经营哲学的 6 个导向提炼企业的经营哲学时，具体步骤如下：

第一步，环境分析、战略分析。

企业的内外部环境 SWOT 分析，得出公司的优势、劣势、机会、威胁，然后在这个基础上得出公司使命、愿景、经营目标。主要分析内容如表 3-1 所示。

表 3-1 企业内外部环境 SWOT 分析主要内容

1	行业的整体发展分析	包括市场容量、市场发展趋势（发展或衰退）
2	市场的竞争状态分析	包括市场的竞争形式（完全竞争、寡头、垄断），行业的主要企业或标杆企业
3	行业标杆企业分析	成功企业的经营哲学、经营理念分析
4	企业发展史分析	导致本企业成功的主要因素分析
5	未来发展战略分析	企业未来成功主要因素分析

第二步，初步提炼经营哲学。

企业使命诠释组织存在的目的和意义，并渗透整个组织。企业愿景是组织发展的蓝图，体现了企业的长期愿望及未来状况。经营目标则是各个阶段要实现的目标。在此基础上，根据正向经营哲学的6个导向初步提炼企业的经营哲学，形成企业的价值观体系。

第三步，验证经营哲学。

通过单独沟通、小范围座谈、头脑风暴讨论等形式，将经营哲学初稿的核心部分在企业高层中达成共识，形成明确的主张与共鸣；再通过会议和研讨等形式，群策群力地反复讨论，不断地引导中、基层员工与高层想法一致，逐步达成共识。经营哲学验证的过程也是统一思想的过程，尤其是一些有多年经营历史的老企业，各个层级的思维形成固有的模式，更是需要一个反反复复的验证过程来统一思想。

第四步，确定企业经营哲学。

确定的企业经营哲学，一定是以文本形式明确表达企业的经营哲学。企业有了经营哲学，仅仅是这项工作的开始，正如管理大师德鲁克所说，"**管理工作不在于知，而在于行；其验证不在于逻辑而在于结果**"，必须将经营哲学落地，渗透到企业的方方面面，真正发挥经营哲学的约束与引导作用。

3. W集团的经营哲学

经过以上四个步骤，我们提炼出W集团的阿米巴经营哲学，即"循道、感恩"。

"循道"，**就是做事循道，按客观规律做事**。客观规律反映了事物本性，遵循客观规律，就是遵循了企业经营之道。我们要根据市场变化规律，及时调整战略决策，成为代表时代的企业；我们要坚持准则，用正确的方式和程序做正确的事情，并贯彻到底，去解决经营的一切问题。

"感恩"，就是"做人感恩"，对自己拥有的怀有感激之情。感恩是一种工作、生活态度；感恩更是一种能力，是一种生存哲学、一种获得美好生活的大智慧。

首先，我们倡导"实事求是、遵循客观规律"地做事，各级企业员工都要以"简单做人、认真做事、清廉做官"的标准来要求自己。

其次，我们秉承"让自己成为一个感恩的人"的做人态度；同时，在工作中的各方面身为表率，持续提高自己的人格魅力，处处散发"正能量"。

最后，我们要拼搏付出、努力工作，为公司、为自己的工作目标做出不懈努力。通过努力工作，对自己目标的执着，获得身心的愉悦与物质回报，实现自我的人生价值。

我们践行的阿米巴经营模式是一种追求成长（修炼）机制，让员工自发地提升自己，不断挖掘自己的潜力，发自内心地愿意与企业共同成长，荣辱共担，最终一定会迸发出巨大的经营能量。

我们要常怀感恩之心，以拼搏、创新、奉献的行动，为顾客、员工、社会和利益相关者创造价值，在追求全体员工物质和精神两方面幸福的同时，为早日实现 W 集团梦、中国梦做出贡献。

第三节　经营哲学落地

经营哲学在企业中落地的过程，本质上就是一个"哲学共有"的过程。其基本过程是，先将经营哲学明文化、物化，以便于员工理解；再通过培训等方式使员工知道、了解经营哲学；之后将经营哲学渗透到员工的行为当中，在实际工作中实践运用，以产生经营成果。

具体在 W 集团经营哲学落地过程中，我们采取了以下做法：

1. 物化经营哲学

经营哲学是思想层面的东西，只有通过外在的物化才能够让员工感受到。我们将"循道、感恩"的经营哲学物化落实为四个层面，如图 3-1 所示。

一是精神层面，对企业的愿景、使命、价值观、企业文化等公开刊印出版，供员工学习。

二是制度层面，对公司人力资源制度、管控制度、沟通制度等，与经营哲学进行配套性审核、调整。

三是行为层面，细化明确了管理者行为规范和员工行为规范。

四是物质层面，对企业的办公环境、企业视觉设计、企业统一化标识等进行调整，以体现经营哲学。

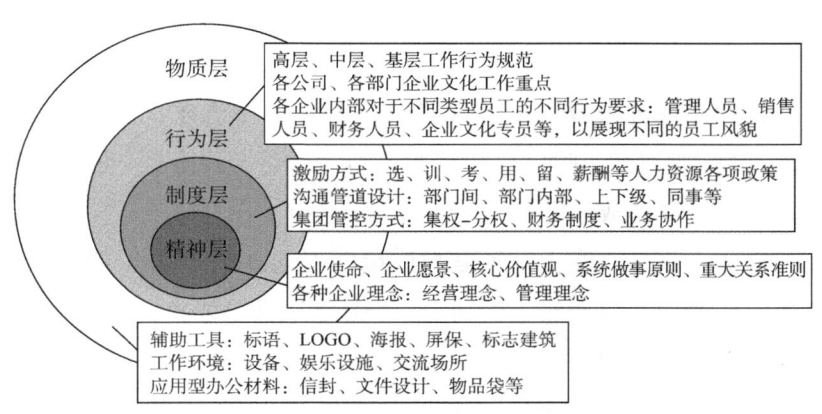

图 3-1 W 集团经营哲学物化四个层面

2. 培训引导

通过培训，如新员工入职前公司层面给予的集中培训、老员工在岗其间的脱岗轮训等，使新老员工快速地了解公司经营哲学,使其认同并引导员工践行。培训结束后,就经营哲学进行严格考试,不合格的必须重新学习、重新考试。如果两次补考仍没有通过,则取消其入职、上岗资格。

3. 工作仪式、文化活动

我们将企业的经营理念融经营单元的晨会、周会、月会、宣誓、奖赏仪式、文体活动等形式之中,构建起具有W集团企业特色的经营哲学活动。各种深入人心的会议流程、文体活动能最大限度地调动员工关注和情感,在此过程中企业"循道、感恩"价值观也不断被员工了解和认同。

4. 领导力论坛

W集团大学举办"W集团领导力论坛",聘请企业高层领导现场授课,通过各种专项案例、专题讨论,使各级干部对企业的经营理念有更深层次理解。这不仅促进经营哲学落地,也使广大干部在学习的过程中能统一价值观共识和思想,提升了干部的领导能力。

5. 文化宣传

我们在宣传内容上,注重"点、线、面"结合。"点"包括先进人物、感人事迹等;"线"包括行为改进与提升;"面"包括精神要义、取得成果等。

宣传手法上,注重"**角度与深度**"结合。"角度"是指在抓特色、抓典型、抓新意上下功夫;"深度"是指要抢占舆论高点、体现小故事大道理。

宣传导向上,"**正源**、**立新**"相结合。"正源"是指坚持经营哲学,弘扬企业价值观体系;"立新"是指根据推进情况不断补充、提炼新举措,进而充实抓手,形成模式。

宣传方式上,做到以下四个方面:

(1)墙上有字。在厂区内、办公区、车间、生产现场进行目视化宣传，形式包括横幅、墙体标语等。标语以员工自发起草为主，作者名字与标语共同上墙，起激励作用。同时，以各种公示板、组织架构、业绩核算看板等形式，营造各阿米巴经营单元的小氛围，渲染阿米巴经营单元浓郁的工作氛围。

（2）广播有声。利用广播宣传的及时性、普及性、针对性强的特点，对当期集团与阿米巴经营相关的会议精神、工作动态、最新进展、标杆人物、经营成果等进行宣传，深度解读阿米巴经营的精神要义、目的目标、关键环节等，引导全体员工理解、接纳、实施阿米巴经营。

（3）电视有影。利用电视媒体的信息量大、生动形象、及时性强的特点，对当期集团与阿米巴经营相关的重要会议、重要事件、标杆人物等进行采访、宣传等，增加员工对阿米巴经营的感性认识，增强其重视程度、认同程度，以利于后续推进。

（4）协同有文。在集团办公系统上专设阿米巴经营专题的系列报道，全程跟踪报道各级阿米巴运行情况，包括新举措、典型事迹、先进人物、关键成果等，引领、激励、鼓舞士气。

在以上几种宣传手段的综合利用下，持续制造新闻热点，引发关注提升认同，最终达到全员参与的目的。

集团化企业阿米巴实战案例

第四章　目标指标篇
（运营层五要素之一）

阿米巴经营模式在具体运营中，以经营哲学为指导，以"年度经营计划"为基础，运用"单位创造价值核算"工具评价经营成果；在组织层面上，将整个企业集团化小，划分为一个个自主经营的经营单元，从公司内部选拔各个经营单元领导人，委以重任授权经营。

W集团根据各分（子）公司的规模及所处发展阶段的不同，以中期经营战略规划为依据，制定集团、分（子）公司级别经营单元的年度经营计划，并对其实施进行指导与监控。

各级经营单元以集团的年度经营规划为基础，自行制定各自的年度、季度与月度工作计划，实行独立核算，并依靠全体员工的智慧和努力来完成目标。通过这种做法，让第一线的员工成为主角，主动参与经营，进而实现"全员参与经营"。

第四章
目标指标篇（运营层五要素之一）

第一节　实现企业愿景，战略需要落地

1. 如何制定企业战略

企业的经营总是要面对动荡的外部环境、不确定性的经营因素等，为了实现企业的长期稳定发展，就必须承接企业的经营哲学，系统地设计企业的经营与发展战略，并对战略达成进行有效的管理，构建企业的系统能力，打造竞争优势，实现企业基业长青。

对于企业战略，不同的企业集团，以及不同的发展阶段，会有着不同的理解。"从企业过去发展历程的角度来看，战略则表现为一种模式（Pattern）；而从企业未来发展的角度来看，战略表现为一种计划（Plan）。如果从产业层次来看，战略表现为一种定位（Position）；而从企业层次来看，战略则表现为一种观念（Perspective）；企业在竞争层面上，战略也表现为采用的一种计谋（Ploy）"。

笔者认为，企业战略即是企业目标与愿景的定位，是企业未来发展方向的选择。制定战略的重点，用一句话来说，就是"有所为有所不为"，是理性选择。而战略内容的最核心部分是其商业模式，是战略之本。商业模式的创新离不开"互联网＋"和资源整合，更多体现为一种更深层次的经营智慧和管理境界。

制定战略规划的本身就是在进行集团经营决策，即决定做一个什么样的企业：在哪个领域、占据何种江湖地位、凭借何种竞争优势、做什么、做多大、做多久……这就是战略规划。战略规划又可分为长、中、短期。在明确规划时长的基础上，需要系统回答以下问题：

（1）选择"行业与领域"。

到底在哪个领域发展？对企业家来说，这是诱惑最大的问

题。中国经济正处于蓬勃发展阶段,机会很多,是聚焦一个行业,进行一体化经营,还是横跨多行业、领域,相关多元化或无关多元化经营？选择进入,考验的是理性分析；选择放弃,考验经营智慧。

（2）选择"江湖地位"。

每个品牌在市场上都有自己的江湖地位,一般分为四种：领跑者、挑战者、追随者与补缺者。"江湖地位"决定了我们的竞争策略。领跑者与挑战者就有不同的竞争策略,如果用挑战者的策略去做领跑者的策略,一定是错误的。很多时候,补缺者在区域市场中是隐形冠军。其实,小池塘里的大鱼,有时候比大池塘里的小鱼要活得舒服,这时"看清自己（真实的江湖地位）比看清市场（选择相应策略）更重要"。

（3）达成"竞争优势"。

这实际是要回答你凭什么能打赢这场战争？战略大师迈克尔·波特讲,竞争优势的选择一般就是差异化和总成本领先,到底是选差异化还是选低成本？实践中,两个策略企业可以同时选,在某一方面做差异化,在某一方面做低成本,再有机地整合起来,从而形成企业独特的竞争优势。

（4）选择"战争场所"。

我们的战场选在哪里,有利于我们获得最大的胜利？我们的产品到底卖到什么地方去？是做一个地方性强势品牌,还是做一个全国化的品牌,甚至是做一个全球化的品牌？有可能区域品牌就是最好的选择,小市场可以"高占比、成本很低、效益很高"；相反,大市场也可能是"低占比、高费用、效益差"。

（5）选择"战争结果"。

战争结果可以用销量、利润等经营性指标加以量化,各个战场还可以用更具体指标量化。一般组织层级越低,战略规划的战争结果描述就越具体。战争结果是一个由量变到质变的过程，最后会影响到企业在市场上的江湖地位。

（6）选择"组织保障"。

与其说是选择"组织保障"，不如说是明确达成战略的资源支持。按照战略决定组织、组织决定人事的逻辑，最重要的资源支持是组织系统和人力资源系统。

在战略规划制定中，我们通常采用相应的分析工具，有助于我们回答好以上问题。例如，在选择"江湖地位"时，我们可以参考五力模型，如图4-1所示。

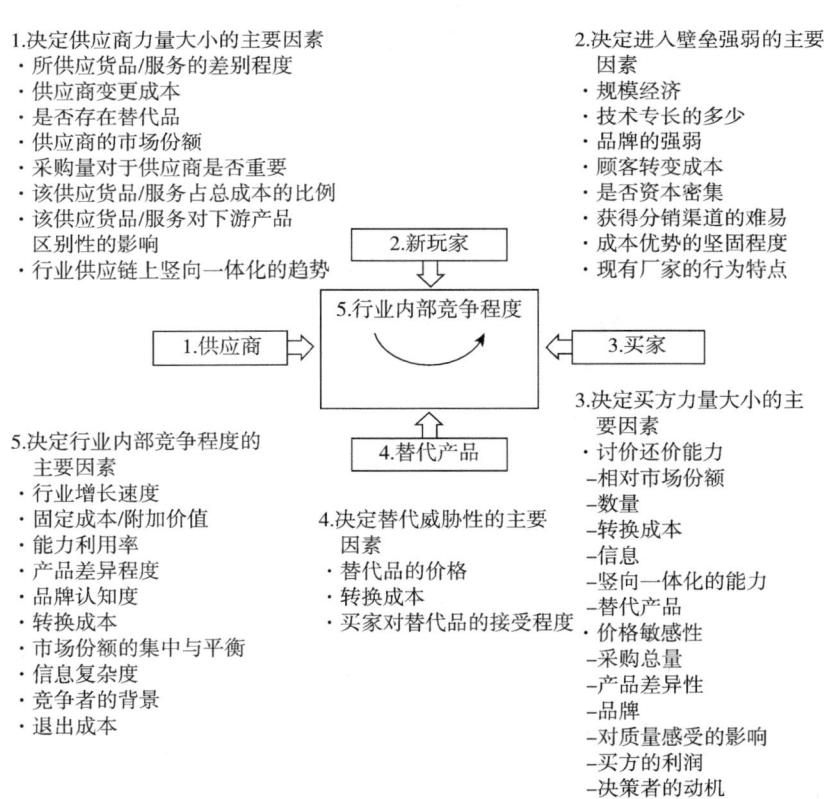

图4-1 竞争环境分析的五力模型

在选择"竞争优势"时，我们可以参考 SWOT 分析模型进行判断，如图 4-2 所示。

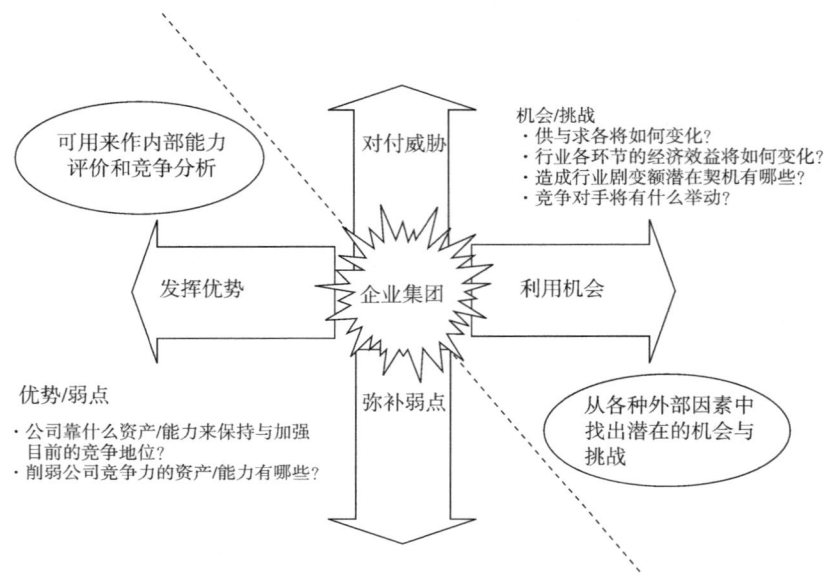

图 4-2 SWOT 模型

在"选择战场"时，我们可以参考基于价值链的业务模型进行系统分析，如图 4-3 所示。

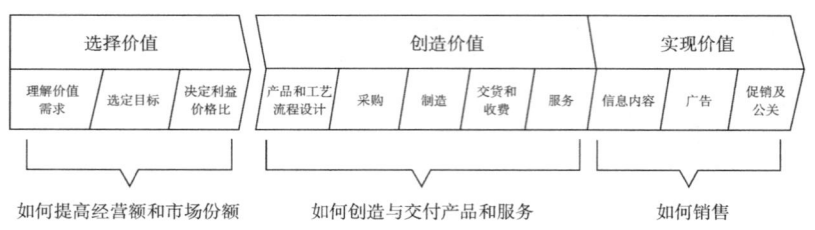

图 4-3 基于价值链的业务模型

最后，基于各种分析，制定企业的战略规划，如图 4-4、图 4-5 所示。

第四章 目标指标篇（运营层五要素之一）

1. 江湖地位选择
（1）市场供应
（2）进入壁垒
（3）市场需求
（4）替代品
（5）竞争态势
（6）政策影响

2. 竞争优势选择
（1）优势
（2）劣势
（3）机会
（4）威胁

3. 战略规划
（1）企业使命和远景（为何做）
（2）价值定位（选择战场）
（3）产品和服务组合（武器选择）
（4）成长阶段（何时做）
（5）战略举措排序（优先做）
（6）价值实现和能力获取（如何做）
（7）阶段实施计划（分步做）

4. 财务预测
（1）损益预测
（2）现金流量预测
（3）敏感性分析

5. 组织结构要求
（1）组织结构概述
（2）人力资源需求计划

图 4-4　企业的战略规划

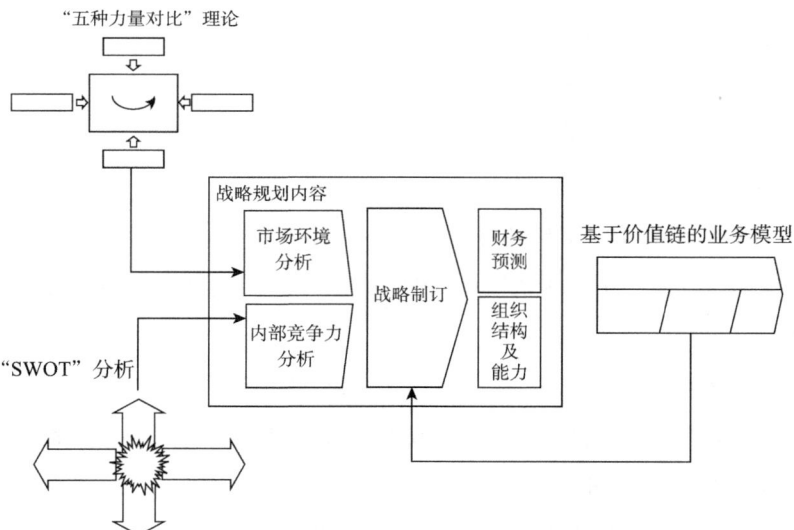

图 4-5　企业战略规划制作流程

2. 运营计划承接战略落地

企业需要编制运营计划使经营战略落地，将企业的战略变成各个部门的行动纲领，将高层意识转化为全员行动。

运营计划的本质是行动计划，而不是仅仅停留在目标和指标层面的宏观计划，其主要内容通常包括总目标、经营方针、重点工作、指标分解、责任人、时间节点、资源保障等。

运营计划的制定过程，是一个思维碰撞的过程，是一个战略目标达成的沙盘模拟过程，也是一个高层与中基层意识转化过程。为了避免出现各部门之间计划的关联性不强、执行起来各行其是的情形，由各部门独立编写的运营计划还需要共同讨论、修改，然后才能确定。运营计划编写要求尽量详细、周密，这样在执行起来才不容易变形。编制运营计划有以下几个注意事项：

（1）在公司整体战略框架的指导下，制订细化执行策略，如子公司的细化执行策略、营销策略、职能部门的职能策略，共同支撑整体战略的落地。

（2）基于执行战略和下一年度的经营目标，梳理、确定公司层面的年度重点工作。这通常是由公司最高层集中研讨，最终达成共识。

（3）根据确定的年度重点工作，细化分解形成公司层面的年度运营计划。分解要根据年度重点工作，集体逐项讨论确认通过。

（4）根据公司年度运营计划，编制职能部门、业务部门的年度运营计划，既要保证全面承接公司运营计划，又要有步骤、有重点地开展职能部门、业务部门的系统建设工作。

（5）将年度运营计划分解，形成职能部门、业务部门的月度运营计划，如图4-6所示。通过对月度运营计划的滚动管理，保证职能部门、业务部门年度计划的实现，支撑公司的年度战略目标的有效达成。

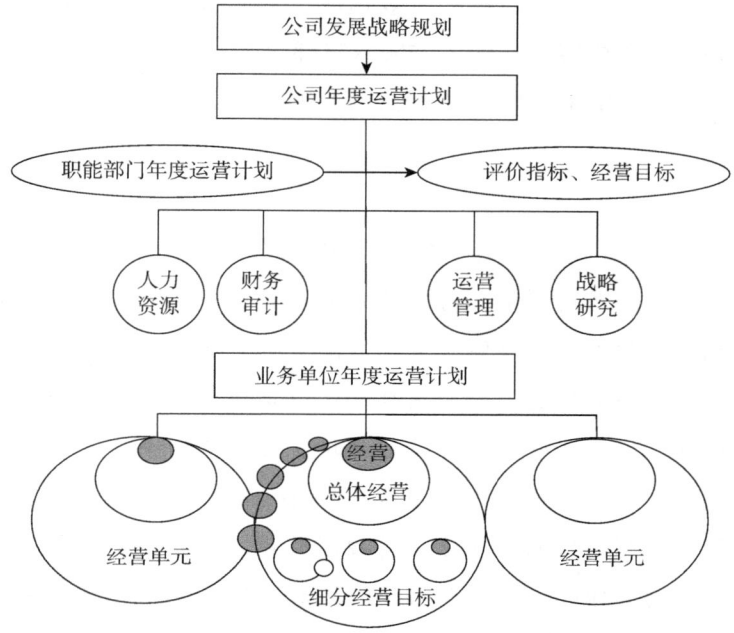

图 4-6　分解年度计划

第二节　编写经营单元的运营计划

按照组织的层级，年度运营计划通常分为三层：**公司年度运营计划、业务单位年度运营计划与职能部门运营计划**。公司的运营部或管理部无法独立承担公司年度运营计划的编制，通常需要公司总经理和高层管理团队的参与。同样，业务部门、职能部门的负责人也必须组织并参与年度运营计划的编制，与部门骨干成员群策群力，保证编制工作的顺利进行。

1. 公司年度运营计划

制定年度运营计划的目的与作用是细化分解公司发展战略，

以保障公司年度经营目标的有效达成。具体编写内容一般分为**战略主题、主题内容展开和工作分解三部分**。

下面以某企业的年度经营计划为例,举例说明编写的注意事项:

第一部分 战略主题

战略主题是对影响公司发展战略有效达成核心关键事件的判断、描述。核心关键事件的有效解决势必能保证发展战略的落地达成。基于企业发展阶段与内部的组织环境的不同,即使规模相当的企业,面对同样的外部行业环境,其当期的企业发展战略也会不同,因而每个企业的年度战略主题也就有不同。

战略主题的排列顺序通常是按照营销、生产、研发采购、职能管理、资源保障等顺序来编写。同时,战略主题的数量不宜太多,公司层5~8个即可,部门层4~7个即可。

(1) 主题一:明确业务的方向。

业务方向是一个选择问题:销量导向还是利润导向;顾客层次高端化还是大众化;差异化服务还是通用化等。对这类问题的明确回答,对整个组织的业务开拓、发展有着有极强的指导意义。很多企业就是在这两个方向上犹豫不决而丧失机会,或者是在这两个方向上频繁切换而没有形成市场积累。

在确定利润或销售主线的前提下,展开产品定位和销售策略梳理;然后在确定的方向下考虑产品的改良和创新,是进一步向高端延伸,还是把大众化市场的塔基做大?这种大方向的选择不是非此即彼,而是明确重点,以便在资源和时间冲突的情况下能很快地做出选择。进一步看,组织必须要有协同效率,而在方向明确的前提下,协同会更加自如有效。

(2) 主题二:市场分类与发展方向。

未来企业的市场布局是什么样的结构？公司现有市场如何分级分类？重点市场有哪些？如何巩固？发展型市场有哪些？如何提升？等等。年度打哪几场市场战役，节奏和顺序如何？在市场发展方向的定位下，企业可以根据自身的业务特点，采用不同的4P组合进行市场精耕。

（3）主题三：品牌传播策略与主题。

品牌传播是通过持续的品牌运营来实现的，过程中不断明确品牌定位、诉求、性格，制定品牌策略，提高品牌传播效率。基于品牌成熟程度，传播策略是提升忠诚度还是增加知名度？是线上为主、线下配合，还是线下活动为主、增加消费者互动，提升消费者黏性，等等。

只有不断提高品牌影响力，才可能摆脱同质化产品的价格竞争，实现品牌差异化，取得经营的主动权。因此，公司层面需要深入讨论，在品牌运营上要做好哪几件事情？有限的品牌建设资源投放到哪些关键环节？

（4）主题四：提高生产管理水平。

明确生产管理的重点工作，是更加突出质量，还是强调成本控制？然后在这一前提下展开技术创新，确定年度技术研发项目与课题。

（5）主题五：供应链优化。

明确供应链管理水平提升的方向，是采购成本问题，还是采购及时性问题？是供应商关系管理问题，还是结款账期与付款方式问题？对于酒水行业，供应链管理是一个需要持续提升的重要课题，企业内部产品制造成本管控对供应链系统提出了更高的动态要求，往往成为运营成功的关键。

（6）主题六：资源整合。

企业做大之后，可供整合的资源越来越多，首先要培养管理层干部资源整合的意识,然后在营销系统、采购系统、财务系统甚至行政后勤系统逐步开展资源整合工作。

(7) 主题七:企业管理系统建设。

集团化企业的系统建设是必不可少的,也是实现可持续发展的根本所在。系统建设包括人力、财务、管理提升、IT平台建设、公关、法律、知识、战略与风控等。在经营实践中,要结合企业的实际情况,梳理出系统建设的主线,确定明确的年度目标,脚踏实地向前推进。

(8) 主题八:企业文化及团队建设。

要明确年度文化宣贯的主题和方式。如果企业的文化管理体系仍不完善,则要把推进文化管理体系的建设也应该纳入企业年度工作计划当中。

说明一下,有些企业习惯于按职能管理条线来讨论计划,认为那样看起来更清晰,但实际上缺少业务导向。职能分工应该是第二层面的问题,第一层面应该是从市场竞争的角度来思考我们应该做好什么。

第二部分　主题内容的展开

主题内容展开是针对主题内容按照一定的逻辑与维度进行细化分解。例如,"市场分类与发展方向"主题内容展开为:明确市场类型,在资源聚焦投放的基础上,有针对性地发展各类型市场。

第一,大本营市场精耕细作。大本营市场是企业长期生存发展的"口粮田"、利润来源,需要持续不断地强化和提升。在当地成为拥有绝对优势的第一品牌,市区内按照流通、商超、酒店、团购等渠道细分运作,郊县市场以县、乡为单位进行精耕。

· 大本营A市场的建设。

- 大本营 B 市场的建设。
- 大本营 C 市场的建设。

第二，重点市场全面升级。重点市场是未来将要发展成大本营市场的明日之星，需要一定时期的培养。在发展到一定程度时，需要加大力度来实现突破。那么，在市场的不同培养阶段，如何培育好基础、如何发力、如何实现突破，这些需要逐一梳理出来。

- 重点市场 L 市场升级相关措施。
- 重点市场 M 市场升级相关措施。
- 重点市场 N 市场升级相关措施。

第三，潜力市场点、线突破。潜力市场是公司营销表现较差，需要长期市场培育，但不宜短期内全面展开的区域。培育也要有重点，不能把资源像撒胡椒面一样，要规划在哪条渠道上加大资源投入重点培育，哪些点上重点培育，最后"连点成线、连线成面"全面发展。

- 潜力市场 X 的措施。
- 潜力市场 Y 的措施。
- 潜力市场 Z 的措施。

第三部分　工作分解

工作分解就是按照企业现有的组织设置与部门设置，将主要工作落实分解到各业务单位、各部门，并明确完成的时间维度，以便各单位、各部门更好地开展细化工作。

例如，提高生产管理水平主题，可分解为：产品质量稳定性、提升生产计划性、及时性。

而"产品质量稳定性"又要如下分解：

- 完善质量管理体系，明确质量标准，并进行系统培训；质量部牵头，一季度完成。

· 加强包装材料入场检验、生产产前检验；明确检验标准，出台检验流程。质量部牵头、采购部协助，一季度出台抽检制度和流程，二季度完成20%客户的抽查，并形成抽检报告。

· 优化生产工艺，提高质量水平。根据质量部的质量抽检的分析报告，包装公司一季度完成生产工艺进行优化和改进方案，二季度开始实施。

· 建立质量问题的长效管理机制并实施。集团管理中心负责一季度前完成制度，并组织实施。

2. 职能部门年度运营计划

公司年度运营计划的内容必须全部落实到职能部门和业务单位的年度运营计划中。但是，仅仅承接公司战略主题分解下来的工作，并不是职能部门运营计划的全部内容。职能部门应该有基于本部门职能职责、部门特点的符合部门实际情况的体系化建设思路。

职能部门的年度运营计划主要内容来源于两个方面：一是承接公司战略主题的分阶段工作内容，这类重点工作内容每一年一定都会发生变化；二是基于部门职责与部门体系化建设需要而分解的工作内容。通常这类重点工作内容每一年的变化不是很大，更多是在原有职能基础上，提升管理水平、优化管理措施。当然，年度运营计划可能还会包括来自于横向流程的其他相关部门提出的相关工作要求。

在将公司年度运营计划的内容落实到职能部门年度运营计划的过程中，应该注意以下问题：

（1）需要多部门协同来完成的职能管理类工作，按照部门职责或集团领导指定该项工作的责任部门、牵头部门，再由牵头部门副职将此项工作分解并分配到相应的部门。

（2）涉及不同部门的市场业务类工作，应以业务结果、业务目标为导向，职能部门要做好纵向的对接和横向的协同，保证对该项业务工作的全面、系统支撑。

（3）按业务在前、职能在后的原则，明确协同的方向。业务部门一般为销售部、客服部、市场部、物流部、生产部和采购部等，职能部门一般为技术部、品管部、人力资源部、财务部和企划部等。职能部门要服务于业务部门，业务管理部门要服务于业务实施单位。职能部门要尽最大努力满足业务要求，并在时间和标准上做出承诺。

（4）先横向协同，再纵向对接。职能部门向业务单位发布工作计划和管理规定时，应先在职能层面协调一致，避免冲突，提高一致性，确保业务单位执行畅顺。

3. 业务单位的年度运营计划

与公司级的年度运营计划相似，业务单位的年度运营计划需要支撑本业务系统实现其年度经营指标。对于集团化运作的公司，其分（子）公司、下级业务单位的年度运营计划主要是承接公司年度运营计划和职能部门年度运营计划的内容，并在细节上展开。对于业务较为独立或集团管控形式比较松散的业务单位，可以参照前述编制公司级年度运营计划的思路来编写其年度运营计划。

第三节 提取评价指标及经营目标

1. 如何提取指标与目标

运营计划本质上是根据年度经营目标与经营成果，对年度主要经营活动进行系统梳理与设计，并逐项分解、落实到责任部门，再通过明确结果、明确责任主体、明确执行过程等手段，有效达成预期目标。

要准确评价肩负经营目标的责任部门的年度业绩，就必须对其运营计划执行情况进行严格的考核。运营计划考核的核心问题，是如何提取考核指标及目标值。具体的办法因企业实际情况而异，下面对企业实践中一些常用的提取指标的方法、原则进行介绍说明：

（1）首先根据公司年度运营计划提取公司级考核指标及对应指标的经营目标；然后根据职能部门、业务单位的年度运营计划及公司级考核指标、目标，分别提取各职能部门、各业务单位的考核指标与目标。

（2）每个部门都有自己考核指标与目标。原则上，它们都必须量化。

（3）对于量化指标，按照实际达成情况，计算达成率进行考核。对于不能量化的工作，按定性指标定量化考核方式进行考核，或者分成不同维度描述达成标准进行考核；考核结果由考核方与被考核方讨论达成一致。

（4）可按照战略地图的逻辑及运营计划，提取四大类指标：财务类、客户类、内部运营类、学习与增长类。同时，可在提取指标过程中，分析这四个类指标与目标的相互关系，进而绘制企业年度战略规划达成的因果关系图，如图4-7所示。

（5）检验并确定提取的财务类、客户类、内部运营类、学习与增长类指标。

（6）根据公司整体的经营目标，分解、确定各考核指标的具体目标值，如图4-8所示。确定的目标值需符合明确的、具体的、可以达成的、量化的、有时间限制的目标Smart原则。

（7）确定考核指标时要系统考虑考核权重、考核周期、评价细则和评价办法等，形成统一的评价系统。

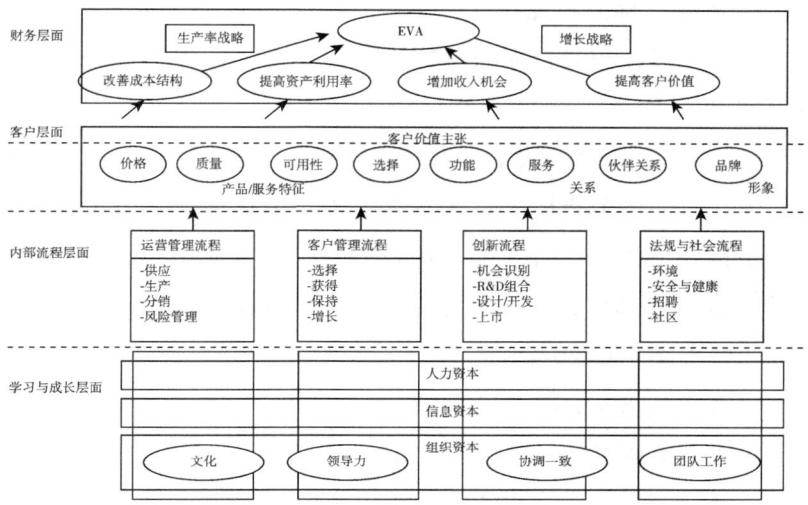

图4-7 战略地图模板

(8) 考核指标的评价主体一般为下道工序、公司领导和考核小组三种,实践中可采用一种或多种主体进行评价。

(9) 考核指标与目标确定后,如因特殊原因需修改的,应上报公司主要领导,同意后方能修改执行。

战略地图	运营计划				目标指标	
	战略主题	主题分解	重点工作	预算	评价指标	目标数值
	1					
	2					
	3					
	4					
	5					
	6					
	7					

图4-8 确定各考核指标的具体目标值

2. 考核指标的特点

一般来说，相对合理的考核指标体系中，各类指标同样具备以下特点：

（1）考核指标的数量及分布比例。一个科学合理的战略地图，应该有多少个指标才算基本合理呢？以什么比例分配四个层面的指标，怎样才算科学呢？在我们的企业实践中，选择的指标数都在20%~25%，在四个层面上的典型分配比例如下：

- 财务类指标20%左右；
- 客户类指标20%左右；
- 内部流程类指标40%左右；
- 学习与成长类指标20%左右。

（2）考核指标的性质比例。战略地图中的这些考核指标究竟应该具有什么样的构成比例才算合理呢？我们认为：

- 从财务性的角度，可以将指标分为财务性指标和非财务性指标。研究显示，那些优秀公司非财务性指标的比例基本上都超过了80%，只有不到20%的指标是财务性指标。
- 从定性和定量的角度来看，可以将指标分为定性指标和定量指标，建议公司的定量指标比例在60%~70%。
- 从时间跨度的角度来看，可以将指标分为短指标和长指标，研究显示，所有公司的长指标比例都明显高于短指标的比例。
- 从对战略支持性的角度来看，可以将指标分为成长性指标和维持性指标。处于高速发展或行业机会较多的公司，成长性指标比例要高于50%。

3. 检验考核指标与目标

考核指标与目标正式确定前，通常需要对指标进行适用性验证，保证该指标体系能够可靠反映被考核部门的绩效特征，达到考核目的要求。对指标检验从以下七个方面进行：

（1）该指标与目标和组织战略目标的一致性，即该指标与目标是否与某个战略目标相联系。指标承担者是否清楚组织的战略目标，是否清楚该指标与目标是如何支持组织战略目标实现的。

（2）该指标与目标的可控性，即对该指标的结果是否有直接的责任归属，该体系的应用结果是能否被基本控制。

（3）该指标与目标的可应用性，即是否可以用行动来改进该指标目标的结果，员工是否明白应该采取何种行动对指标与目标的结果产生正面影响。

（4）该指标与目标的可信度，即该指标与目标是否有稳定的数据来源或数据构成来支持指标，数据能否被操纵以使绩效看起来比实际更好或更糟，数据处理是否引起绩效指标计算的不准确。

（5）该指标与目标的可衡量性，即指标与目标是否可以量化，指标与目标是否有可信的衡量标准。

（6）该指标与目标的获取成本，即有关该指标与目标的数据是否可以直接从标准报表上获得，获取指标与目标的成本是否高于其价值，该项指标是否可以定期衡量。

（7）该指标与目标的可理解度。是否用通用商业语言解释，能否以简单明了的语言说明，是否有可能被误解。

4. 确定考核指标

经过上述步骤之后，绩效考评指标已经基本确定下来，但是在最终确定并付诸实践前，为了达到激发员工、团队或者部门的积极性，更好地完成运营计划所规定的经营目标，取得较为完美的绩效考评效果，在实际操作中我们往往还要进行最后一个步骤：**应用前修订**，即通过专家调查，将所确定的岗位绩效指标召开专家会议及咨询顾问，征求意见，修改、补充、完善以战略为导向的指标体系。此举不仅能够验证指标设计的科学性、合理性，同时也能增加指标的群众基础，减少在使用过程中的阻力。

修订后每一个指标与目标都需要能够完整地回答以下 10 个问题，才算是一个合格的绩效考评的指标。

- 指标的正式名称是什么？
- 指标的准确定义是什么？
- 设立指标的直接目的何在？
- 围绕着这个绩效考评指标有哪些相关的说明？
- 由哪个部门或岗位负责收集所需要的数据或信息，用什么流程来收集？
- 所需要的数据从何而来？
- 计算数据的主要数学公式是什么？
- 统计的周期是什么？
- 哪个部门或岗位负责数据的审核？
- 指标用什么样的形式来表达？

5. 指标提取示例

（1）根据公司战略和公司年度运营计划，参考战略地图的指标逻辑，某酒水企业集团高管、集团绩效经理及子公司总经理反复沟通，梳理出集团公司的战略地图，从中提取当年集团的考核指标，建立起企业级的关键绩效指标。如图 4-9 所示。

（2）各职能部门、业务单位根据企业级的关键绩效指标及本部门运营计划，编制各自的战略地图并提取考核指标。为了体现公司一体化运营的战略思想，以供应链效益最大化为主线，不断完善平衡产销、快速反应市场的供应链系统，某酒水企业物流部门的战略地图如图 4-10 所示。

（3）按照战略地图，提取的考核指标体系如表 4-1、表 4-2、表 4-3、表 4-4 所示，企业实践中可根据企业实际情况选择其中的部分指标，再确定当期的具体目标值后，建立本企业考核指标与目标体系。

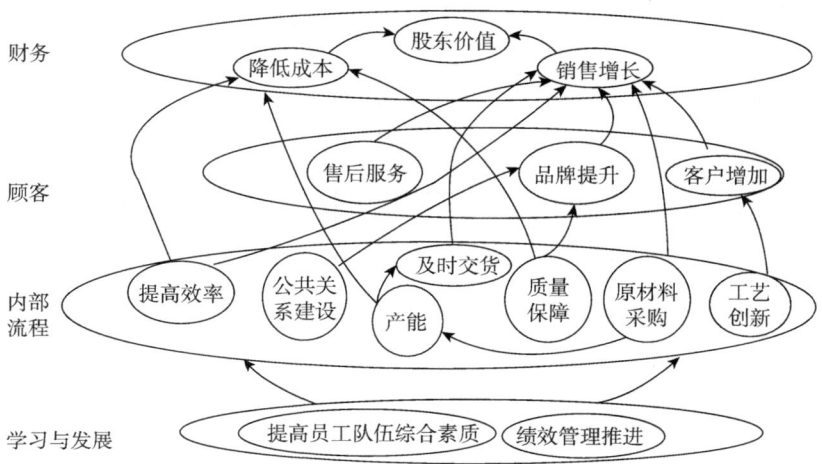

图 4-9　某酒水企业集团的战略地图

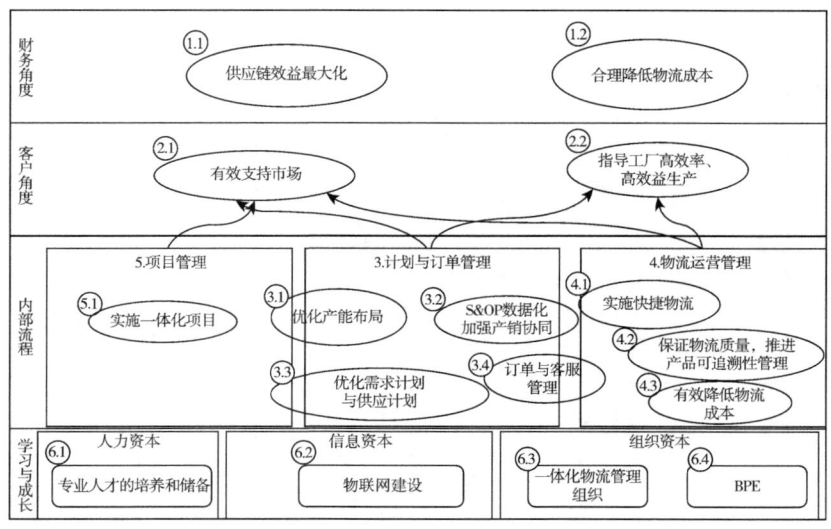

图 4-10　某酒水企业物流部门的战略地图

表 4-1 财务类指标

因素	指标	指标描述	1月	2月	3月	4月	5月	6月	7月	8月	9月	10月	11月	12月
销量	总销量	当期总销量												
	重点经销商销量	当期重点经销商总销量												
	KA(或指定渠道)销量	当期指定渠道总销量												
	人均销售收入增长率	(当期人均销量－上期人均销量)/上期人均销量×100%												
	特定品牌销量	当期特定品牌销量												
	A产品销量(重要产品)	当期A产品销量												
	总销量目标完成率	当期总销量/当期目标总销量×100%												
销售收入	主营业务收入	当期主营业务收入												
	××品牌收入	当期××品牌营业收入												
	A产品收入	当期A产品营业收入												
净利润	利润总额	当期利润总额												
	利润增长率	(当期利润－上期利润)/上期利润×100%												
	××品牌净利润	当期××品牌实现净利润												
	A产品净利润	当期A产品实现净利润												
	重要区域净利润	当期指定重要区域实现净利润												

续表

因素	指标	指标描述	1月	2月	3月	4月	5月	6月	7月	8月	9月	10月	11月	12月
成本费用	主营业务收入促销费用率	促销费用(含折扣)/折扣前主营业务收入												
	吨产品促销费用	当期促销费用/当期产品销量(千升)												
	销售运行费用总额	当期营销系统销售运行费用总额												
	促销品采购成本	当期促销品采购成本												

表 4-2 客户类指标示例

因素	指标	指标描述	1月	2月	3月	4月	5月	6月	7月	8月	9月	10月	11月	12月
品牌成长	××品牌第一提及率	数据来源：专业公司提供												
	新产品推广项目目标达成率	根据新产品推广目标进行针对性考核												
	客户满意度	数据来源：客户满意度调查数据												
	特定品牌/品种销量占比	当期特定品牌（或品种）销量/当期总销量×100%												
	重点经销商销量增长率	（当期重点经销商数量－上期重点经销商数量）/上期重点经销商数×100%												
渠道建设	新增重点经销商数量目标达成率	当期新增重点经销商数量/当期目标增加重点经销商数量×100%												
	经销商网络（终端）覆盖率	经销商网络已经覆盖的终端数量/全部终端数量×100%												
	重点经销商销量占比	当期重点经销商销量/当期总销量×100%												
	渠道建设达成率	指定渠道当期销量/指定渠道目标销量×100%												
	渠道区域覆盖率	当期渠道覆盖区域/渠道计划覆盖区域×100%												

表 4-3 内部管理类指标

因素	指标	指标描述	1月	2月	3月	4月	5月	6月	7月	8月	9月	10月	11月	12月
销售运营	大客户管理体系建设	按定性指标计算方式进行考核												
	大客户信息完备率	已建立完整信息备案大客户数量/现有大客户数量×100%												
	大客户发展激励机制	按定性指标计算方式进行考核												
	大客户发展培训基地建设	按定性指标计算方式进行考核												
	销量计划准确率	当期l销售数量－计划销售数量l之和/计划销售数量×100%												
	销量计划达成率	当期销售数量/当期计划销售数量×100%												
	销售计划的计划、回顾与改进监督	按定性指标计算方式进行考核												
	销售计划预测管理体系	按定性指标计算方式进行考核												
	销售计划体系的执行	按定性指标计算方式进行考核												
	价格分析体系的执行	按定性指标计算方式进行考核												
	价格数据库更新及时率	当期天数/(当期各区域执行价格数据更新次数/区域数量)												
	跨区冲货管理	当期查处跨区冲货次数												
	促销方案的计划、回顾与改进监督	按定性指标计算方式进行考核												

续表

因素	指标	指标描述	1月	2月	3月	4月	5月	6月	7月	8月	9月	10月	11月	12月
销售运营	产品上市方案的计划、回顾与改进监督	按定性指标计算方式进行考核												
	产品上市计划达成率	根据产品上市场目标进行针对性考核												
	终端协同拜访率	当期拜访终端数量/已覆盖的终端数量×100%												
	对计划进行体系的覆盖率	当期推进的体系建设项目/当期计划进行的体系建设项目×100%												
	已推进体系的完备性	当期达到要求的体系建设项目/当期推进的体系建设项目×100%												
	在运行体系的执行情况	当期未按体系、制度、流程、方法、工具要求执行的次数												
	管理体系审计整改完成率	当期按审计结果完成整改项目数量/计划完成整改项目数量×100%												
职能管理	部门战略指标体系时钟节点的执行	按定性指标计算方式进行考核												
	部门计划执行有效性	当期抽查有效执行计划项目/当期抽查计划项目×100%												
	三级计划跟踪检查频率	当期三级计划跟踪检查次数/当期计划跟踪检查次数×100%												

续表

因素	指标	指标描述	1月	2月	3月	4月	5月	6月	7月	8月	9月	10月	11月	12月
职能管理	部门计划回顾与执行跟踪（选取重点项目考核）	当期（重点项目）按计划执行阶段点（里程碑）/当期（重点项目）计划包含阶段点（里程碑）×100%												
	与省级机构的工作协同配合	数据来源：省级销售机构对职能部门满意度调查问卷												

表 4-4 学习与成长类指标

因素	指标	指标描述	1月	2月	3月	4月	5月	6月	7月	8月	9月	10月	11月	12月
技能、培训、知识管理	部门培训计划制订的及时性和质量	按定性指标计算方式进行考核												
	部门员工培训参加率	当期参加培训人数/期末员工人数×100%												
	部门培训计划完成率	当期实际完成的培训课时数/计划培训课时数												
	部门内培训师人数	当期培训师人数												
	部门人力资源规划执行	按定性指标计算方式进行考核												
	部门人力资源规划准确率	当期全部(指定岗位)编制人数/人力资源规划编制人数×100%												
团队建设	界定职责,划分部门内各岗位职责及权限	按定性指标计算方式进行考核												
	部门内绩效考核执行	按定性指标计算方式进行考核												
	部门内关键岗位人员流失率	当期离职关键人员/当期关键人员数量×100%												
	部门内员工满意度	数据来源:员工满意度调查数据(部门员工对工作环境、工作安排、交流等方面的综合满意程度)												

续表

因素	指标	指标描述	指标计算方式	1月	2月	3月	4月	5月	6月	7月	8月	9月	10月	11月	12月
信息系统管理	部门信息系统搭建计划执行	按定性指标计算方式进行考核													
	部门信息系统覆盖率	截至期末信息系统完成模块数量/信息系统模块数量×100%													
	信息数据维护完整率	截至期末信息系统无错漏录入数据接口数量/本部门信息数据接口总数量×100%													

集团化企业阿米巴实战案例

第五章　组织篇

（运营层五要素之二）

企业组织结构是一个组织内部各构成部分或各部分之间所确立的关系形式。它是为实现企业总目标，对其各个部门、岗位、人员及其责权关系，以及人力流、物流、资金流、信息流等要素有机排列与组合的方式，涉及组织层次的划分、组织机构的设置、各部门之间分工与协作的相互关系等。

组织设计的目的就是设计一套符合企业需要，能客观反映企业生产运行规律，适应市场竞争需求，企业内部运转有序，有效发挥整体机能的组织结构体系。

W集团阿米巴经营模式的成功推行，最核心的工作是整个集团企业的组织架构设计，即经营单元的设计。经营单元的设计与调整工作，始终贯彻着阿米巴经营的全过程，贯穿着阿米巴经营的开始与终结。

经营单元设计的科学程度、完善程度决定了阿米巴经营模式的最终成败。为此，笔者在进行设计时，遵循了"整体思考、系统设计、分步实施"的原则，使经营单元的设计方案能够符合企业发展的实际情况，同时对经营目标的达成具有强大的支持、引领作用。

第一节　经营单元设计分析

1. 明确经营单元设计 5 大目的

经营单元的设计与企业集团的组织架构设计的原理相同，都是为达到一定的企业经营目标，结合现有的市场环境与人力资源配备现状，做出的组织结构选择。W 集团在经营单元设计时，我们先要做整体的系统思考，明确我们为什么要设计这些经营单元，设计出的经营单元要能实现哪些目的。

（1）支持集团发展战略（目标明确）。

任何企业组织长期存在的核心理由是能够实现其经营战略目标，能够盈利，能够回馈股东和社会。而企业经营战略的实现，需要企业组织单元有效经营来做支撑，因此，经营单元设计的首要目的就是能够有效支撑企业的战略目标，能够分解企业年度的经营计划，能够贯彻公司整体的目标和方针。也就是说，企业组织单元设立、合并与升级的最终目的都是为了企业的经营发展战略的落地与实现。

（2）在能够独立完成业务的条件下，最大限度地划小经营单元（结构最小）。

作为"小组织、自经营"的模式，阿米巴经营模式要求其经营单元的组织规模尽可能的小，尽可能让广大员工参与经营，划分得太粗难以实现经营提升。但经营单元也并不是越小越好，前提条件是划分后的经营单元要有自己对应的业务工作，并且能够独立完成该业务工作。

(3) 划分后的经营单元有明确的收入来源（收入明确），能够独立核算（结果明确）。

无法量化的企业组织业绩，管理者对它既无法管理，也无法比较。划分后经营单元不仅要有明确的收入，同时也要能够计算出为了取得这些收入花费了哪些费用、成本。通过核算工具准确核算每个经营单元的经营成果，既便于经营单元的成员随时了解状况，也便于管理者比较各经营单元的经营情况。

(4) 能够选出合适的经营单元领导人，并能明确界定责任、权力与利益（权责明确）。

经营单元能够有效经营的必备条件是要有一个合格的领导人，只有领导人称职地经营才会有企业经营目标的达成。同时，企业的长远发展也依赖这些领导人的不断成长。

每个经营单元都需要明确其职责范围、能够行使什么样的权力达成其经营业绩，以及能够采取什么样的激励措施。只有这样，才能保证经营单元在企业的游戏规则内持续运行。

(5) 实现小组织、自经营，实现全员参与经营。

实现全员参与式经营，是进行经营单元设计的最重要的目的之一。只有真正实现全员参与式经营，才能依靠全体员工的智慧和努力完成企业的经营目标，实现企业的快速发展。

2. 梳理集团组织的 4 个方面

在推行阿米巴经营模式过程中，我们发现，在运行一段时间后，很多问题不是合并与撤销个别经营单元就能解决，根源往往是整个组织体系设计上缺乏前瞻性的思考。经过总结，我们认为，在经营单元设计时，单纯满足 5 大目的仍不够，还需要梳理一下集团组织的 4 个方面支撑要素。

(1) 明确集团未来发展战略。

企业的发展战略包括企业发展方向、发展速度与质量等内容,以及在一定时期内的选择、规划及策略,要解决的是企业的未来发展及企业如何快速、健康、持续发展。发展战略包括四个部分:愿景、战略目标、业务战略和职能战略。愿景为企业指明了发展方向,战略目标明确了企业的发展速度与发展质量,业务战略明确了企业的战略发展点,职能战略确定了企业的发展能力。通过四个部分内容的梳理和明确,实际上是完成了企业持续发展的系统思考。

行业发展的低点和移动互联对快消品营销的冲击,以及呈个性化、碎片化趋势的终端用户需求,对很多企业的发展战略提出全新的挑战。在行业众多企业的战略转型潮中,无论是战略目标的调整,还是营销模式的改变,都必然导致企业价值链发生改变和各经营单元的工作目标发生改变,以及各级部门、各岗位员工的职责发生变化等。为此,明确集团企业的发展战略是准确设计经营单元的前提。

(2)明确集团的经营哲学。

企业的发展战略回答了企业发展方向与如何发展的问题,企业的经营哲学则回答了用什么理念来经营企业,以及未来的企业要办成什么样子。经营哲学是企业的最基本规范,是全体员工做人做事的根本准则。只有明确了本企业的经营哲学,在导入运行经营单元,面对很多难以解答的运营问题时,才会有最终标准。不仅在设计经营单元时,要求方案设计者、高层管理者能够明确表达企业的经营哲学,而且在未来的经营过程中,还要求经营单元的每个成员都能够清楚地知道并使用这些经营哲学。

(3)优化企业的核心价值链。

企业在设计经营单元之前,先识别、评估企业现有的价值链活动。根据公司战略发展需要,对主要的核心价值链进行优化、固化,对不符合战略发展的,要么外包出去,要么优化删除。

（4）企业组织结构再造，定岗、定编、定额、定员。

根据企业的战略要求，对企业组织结构进行优化或再造，包括企业组织形态选择、组织层级扁平、部门撤并组合、职位与编制优化，劳动定额与定员的确定等。

W集团在推行阿米巴经营模式时，聘请了北京华夏基石人力资源咨询公司分别进行了集团总部职能部门的"四定"项目、营销体系的"四定"项目、生产基地的"四定"项目等。优化编制后，劳动效率提升在15%以上。同时，明确了生产包装、酿造系统等生产定额标准，为后续的经营单元运营提供了系统的支持。

3. 确定经营单元划分的6个维度

实践中，按照组织单元的职能与层级，我们把经营单元划分为三层：

第一层：**战略型经营单元**。一般指分（子）公司、虚拟法人实体、生产基地等最主要的构成集团整体的实体性组织。此层经营单元划分的重点是要考虑公司的战略方向和组织变革的要求。

第二层：**职能型经营单元**。一般是指保障企业组织正常运营的处于辅助价值链条上的职能平台性组织。例如：人力资源部门、财务部门、审计部门、管理部门、质量管理部门。

第三层：**战术型经营单元**。分为两类，项目式经营单元、业务式经营单元。其中，项目式经营单元，是指为完成特定工作任务，由公司内部员工、外部社会资源等组成的实施团队，因项目的产生而设立、结束而取消，实行自主经营、自我管理的经营单元。业务式经营单元，一般是指企业运营中，主价值链条上的各类业务部门，例如：采购部门、营销部门、研发部门、酿造部门、包装部门、生产部门、制作部门等。

经营单元的划分要结合集团企业的实际情况，既要高瞻远瞩，也要满足目前需要。具体划分时要考虑以下维度：

（1）维度之一：价值链。

价值链在企业的经营活动中无处不在。上下游关联的企业与企业之间存在行业价值链，企业内部各业务单元之间构成了企业的内部价值链，企业内部各业务单元内部岗位之间也存在着价值链关系。从价值链上分，企业内部可分为主业务价值链和辅助价值链。价值链上的每一项活动，都会对企业最终能够实现多大的价值造成影响。当今企业与企业的竞争，不只是某个环节的竞争，而是整个价值链的竞争。整个价值链的综合竞争力决定企业的竞争力。

我们认为，科学划分的经营单元一定是处于企业价值链条上某一个环节。如果划分后的经营单元在企业价值链上找不到相应的位置，那么这个经营单元就没有存在的必要。这些环节的合理运营与效率提升将带动企业整个价值链协同效率的提升。

在具体实践中，我们使用了科尔尼价值链模型，将企业的业务分为管理业务（包括规划、计划、经营层向投资人的报告）、核心业务（技术研发、原材料加工、生产过程、销售、售后服务）、职能业务（人力资源、后勤性质等）三种类型，如图5-1所示。

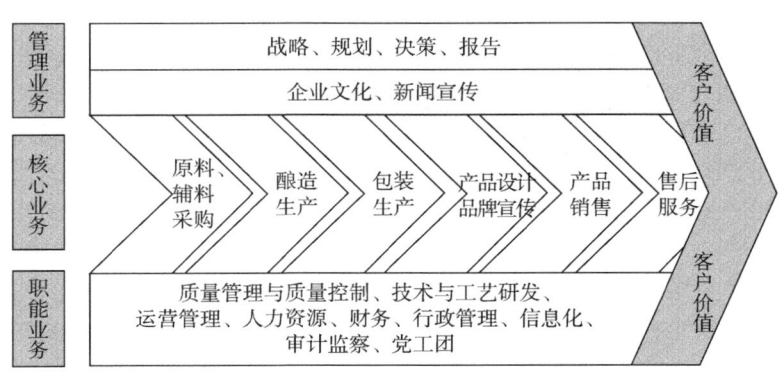

图5-1 白酒企业典型价值链

这种分类方法好处，一是便于各类职能细分；二是便于在组织设计时进行职能分类归集，如"直接支持业务性质的职能"——质量管理与控制、人力资源管理等,可以考虑归类放到职能业务中;三是可与 W 集团的经营单元分类方法相对应。

(2)维度之二:产品/品牌。

以企业生产的主要产品、品牌为基础,将与之相关的一系列生产活动或营销活动置于同一个经营单元内进行管理与核算。同时,再对此经营单元内部进行二次细分,从而达到进一步深化经营的目的。

按照产品/品牌维度划分经营单元是一种市场导向、需求导向的划分方式,有利于判断市场属性、判断消费者的真实需求,最终满足消费者需求。同时,按照这种方式组织生产有利于设备、人员、营销、技术等方面的专业化提升。

按照产品/品牌维度划分的经营单元,往往需要在企业总部层面上配置职能型经营单元,以辅助其完成管理职能。因此,一般适合战术类经营单元的划分。例如,W 集团贸易公司按照产品维度,分为老名酒产品经营单元、W 集团产品经营单元。

某酒业集团的组织结构图如图 5-2 所示。

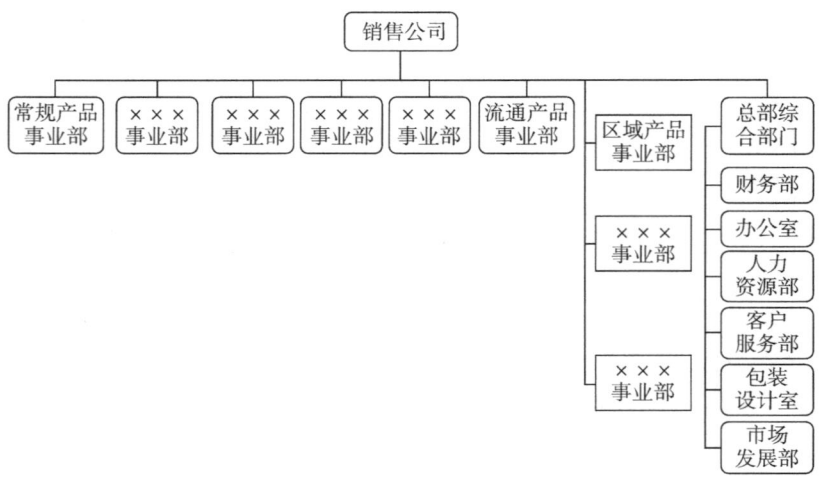

图 5-2 某酒业集团的组织结构图

(3) 维度之三：区域。

按照区域划分组织是一种常见的方式。对于全国性的企业集团来说，产品生产、营销市场等往往具有高度的分散性。具体划分时，一种方式是将该区域内的全部业务打包在一起，形成一个集采购、生产、销售为一体的完整公司。这种方式形成的经营单元，往往适用于产品生产的规划效应不明显时。另一种方式是将区域内的营销业务打包在一起，形成一个区域性营销公司。这种类型的营销公司适用于多产品系列或多品牌系列的营销工作，但不利于新产品或新品牌的营销工作。

海尔营销组织总体框架如图5－3所示。

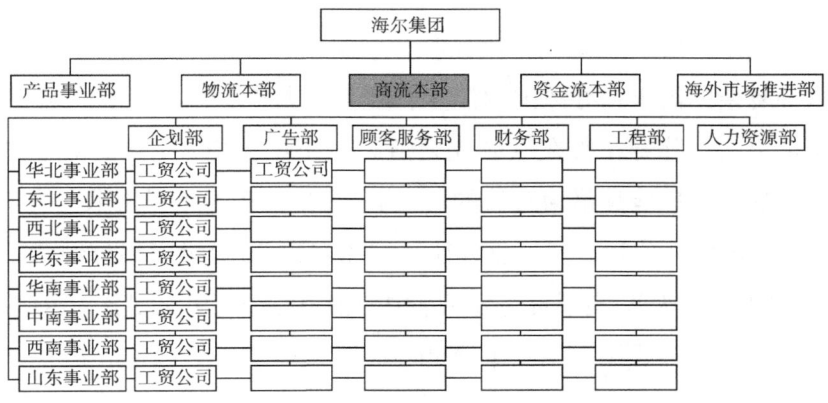

图5－3　海尔营销组织总体框架

(4) 维度之四：生产工序。

生产工序是指各种原材料、半成品按照一定的次序进行生产加工，最终做成成品的先后顺序。按照生产工序维度划分经营单元，往往在对生产、加工型类的战术级经营单元进行内部二次划分时使用。例如：对W集团生产基地的包装车间进行经营单元划分时，根据其包装生产的工序，将其初步划分划分为图5－4中的六个经营单元：

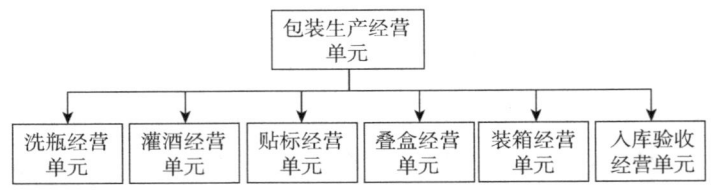

图5-4 包装生产经营单元划分

(5) 维度之五：客户/渠道。

从20世纪90年代末到21世纪初期，快消品营销模式走过了大流通浅分销阶段、卖场商超集中操作阶段、区域精耕深度分销阶段、餐饮终端掌控阶段与烟酒店鼎新阶段。至今，已经形成多渠道复合运作阶段。

酒水消费的多样化，比如家饮、聚饮、宴请、送礼、公关等多种复杂的需求，导致国内酒水行业渠道复杂性远比其他行业的渠道更高。陈春花曾在《领先之道》一书中指出，"**渠道对领先企业的格局影响是最为直接的**"。为了更好地满足市场需求，快消品行业的营销公司、营销业务往往按照客户/渠道维度划分经营单元。图5-5为W集团贸易公司华中营销中心经营单元划分的示例：

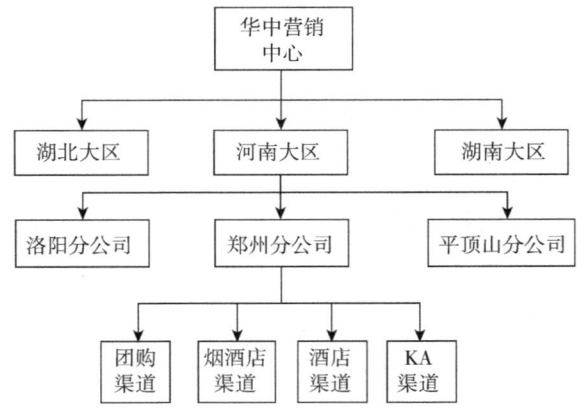

图5-5 客户/渠道经营单元划分

(6) 维度之六：组织层级。

无论是战略型、战术型还是职能型经营单元，在按照以上五种维度获得初步划分后（通常是横向划分），还需要进行进一步的细分（通常是纵向划分），才能达到"在能够独立完成业务的条件下，最大限度地划小经营单元"的目的。在细分划小的过程中，常见的划分方式是参照现有的组织层级进行划分。例如，W集团包装车间就是按照组织层级划分为车间级、班组级、生产线级经营单元，如图5-6所示。

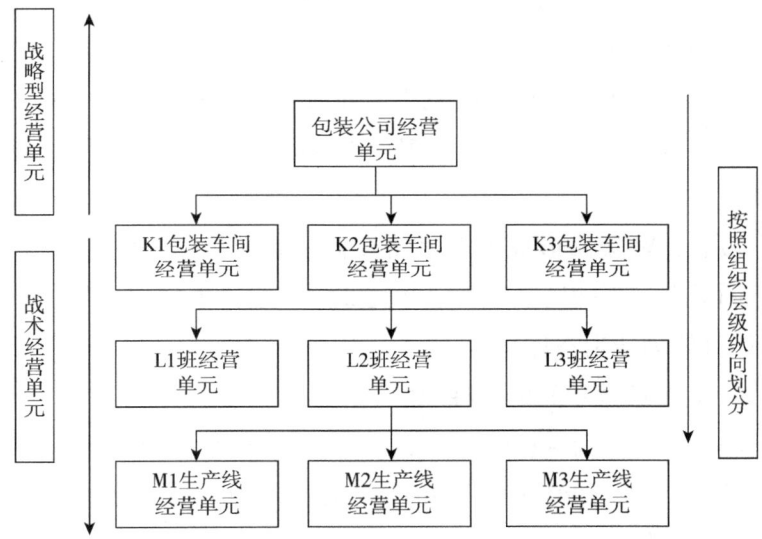

图5-6 W集团包装车间经营单元划分

我们在企业具体划分实践中，往往是6种维度交叉综合运用，通常是先进行横向的经营单元划分，再进行纵向的划小经营单元。同时，兼顾企业内部的人力资源储备情况，才能达到经营单元设计的5个目的。最终的划分方案，需要按照划分目的满足程度进行反复修改后，才能最终确定。

我们发现，同一组织、不同的发展阶段（生命周期），其经营单元的划分结果不同；同一个组织同一阶段，由不同的领导人的经营眼光不同来划分，其结果也不同。

W集团在设计经营单元时，按照各种划分维度，结合企业实际情况，将集团营销公司、A生产基地、B生产基地、C生产基地、D生产基地领导层划分为战略经营单元；集团层面上的管理中心、人力资源中心、财务中心、审计中心、集团办公室等划分为职能管理经营单元；采购中心、酿造公司、包装公司、物流部、各营销中心、大区、分公司等划分为业务式经营单元。

同时建立了大量的项目式经营单元，根据该项目开展的层次、预期经济成果等，将经营单元可分为公司级（分子）、中心（部）级、部门（车间）级三类。通过项目申报、项目审核、项目运营、成果评价、激励兑现等步骤，实现经营单元的顺利运营。

最后，W集团形成了在战略经营单元的统一规划与指导下，由不同类型、不同层级经营单元构成的基于价值创造（利润）的"立体价值创造生态体系"。

4. 确定经营单元的4种职能

经营单元作为一种组织形态，存在的意义是能够履行好其组织赋予的职能，即经营单元职责，创造价值并且激励成员自动自发地投入工作。

按照六个维度划分后的经营单元，根据其在企业组织中承担的业务职能或业务性质，可以再**分成四种职能，分别是生产制造、管理经营、技术研发与营销及推广，如图5-7所示**。这种分类的目的是便于进行经营单元的责、权设计。

但是在具体设计时，需要综合考虑各经营单元的部门职责和岗位职责及对经营单元的赋权管理要求，逐级明确各级经营单元的职责并赋予相应的权限，以达到充分调动各级经营单元积极性，激发全员活力的目的。具体来说，四种经营单元基本职能如表 5-1 所示。

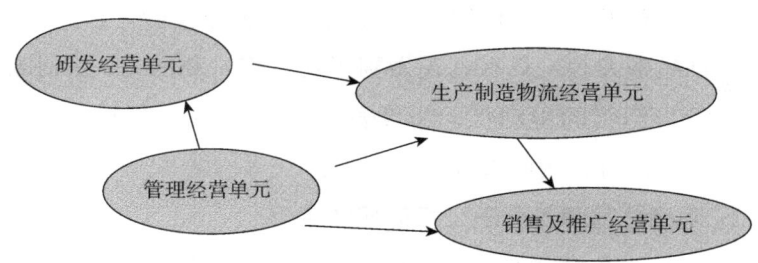

图 5-7 按照六个维度划分后的经营单元

表 5-1 经营单元的 4 种职能类型

类型	4 种基本职能	常见部门
生产制造类经营单元	通过生产出令客户满意的产品，创造附加价值	采购部、包装车间、酿造部、生产工艺部、加工制造、装配部
营销推广类经营单元	通过营销、服务等活动，在满足客户需要的同时提高客户满意度，创造附加价值	营销公司、销售分公司、办事处
研发类经营单元	以市场、客户需求为导向，开发新产品、新技术，满足公司发展需要	研发部、技术部
管理类经营单元	**支持其他类型**经营单元**的业务活动**，促进公司整体的效率提升，提供平台保障性职能	管理部、人力资源部、财务部、审计部、市场部、销售管理部、稽查部

第二节 确定经营单元的责、权、利

阿米巴经营模式适合于企业集团对业务经营的专业化、多元化、跨地区管理等现实需求。经营单元的运行时，在责权利对等的条件下，按照"集中决策、自主经营"的方式自动自发地开展业务，会使企业成为一个有活力的组织。

任何一级经营单元都需要承担一定的工作任务与责任，同时也要拥有相应的资源与权利确保任务的有效达成。为了调动成员参与经营的积极性，要根据各经营单元的业绩达成情况，设计物质与精神激励方案。只有真正做到了责、权、利的统一，才能调动成员参与经营的主动性，为经营单元的顺利运行提供基础保障。具体运作时，我们采取以下步骤：

1. 明确总部和各分子公司的职能定位

实践中，集团总部的定位有三种常见的情况，如表 5-2 所示。

表 5-2 集团总部的三种定位

总部定位	职能说明
业务管理型总部	总部作为业务管理、控制与服务职能平台。总部设立具体的生产、安全、技术、营销等业务部门，对下属对口部门进行业务管理；其他部门定位行政控制和服务部门 要求总部具有较强的业务管理能力，其职能部门功能完善 下属业务单元可以作为成本中心或虚拟利润中心进行考核，权限将弱化至操作执行层面，其关键经营活动将受到总部集中控制和统一规划。
战略管理型总部	总部作为规划、监控与服务平台存在，重心在掌控下属公司的发展方向和发展战略，将业务管理下移至战略经营单元 总部一般无具体业务管理部门 下属业务单元作为独立的业务单元和利润中心，有着完善的运作职能和决策权，对其经营活动享有高度的主权
财务管理型总部	以财务指标进行管理和考核，总部无业务管理部门 投资回报，通过投资业务组合的结构优化，追求公司价值最大化

对于具体的某个集团来讲，到底采用哪种总部定位，主要根据集团各业务之间关联度、产业环境、发展状态、业务结构、管理风格等五大要素来进行选择，如图 5-8 所示。

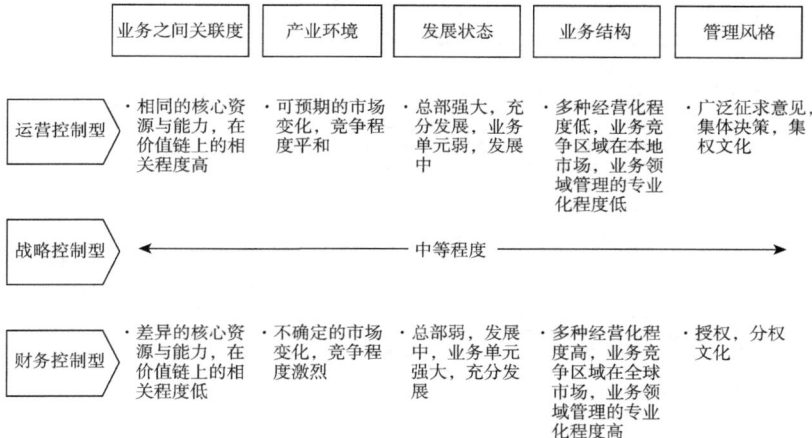

图 5 – 8 总部定位五要素

举例,按照五因素对某集团总部定位的分析如表 5 – 3 所示。

表 5 – 3 某集团总部的定位分析

	影响因素	具体分析
1	业务之间关联度	各业务板块具有同心多元化、产业链上存在关联性的特点、核心资源的协同性高
2	产业环境	各业务板块面对的市场不确定性一般,面对的市场竞争情况总体上比较激烈
3	发展状态	集团总部刚成立,还处于发展完善中
4	业务结构	集团的多种经营化程度较高;业务竞争区域主要集中在本地,部分业务竞争区域为全国市场;各业务领域专业化程度较高
5	管理风格	集团要求对重大事项集中决策,但是还存在一定的分权文化

对总部定位进行具体的细化分析与选择,可以将图 5 – 9 作为分析工具:

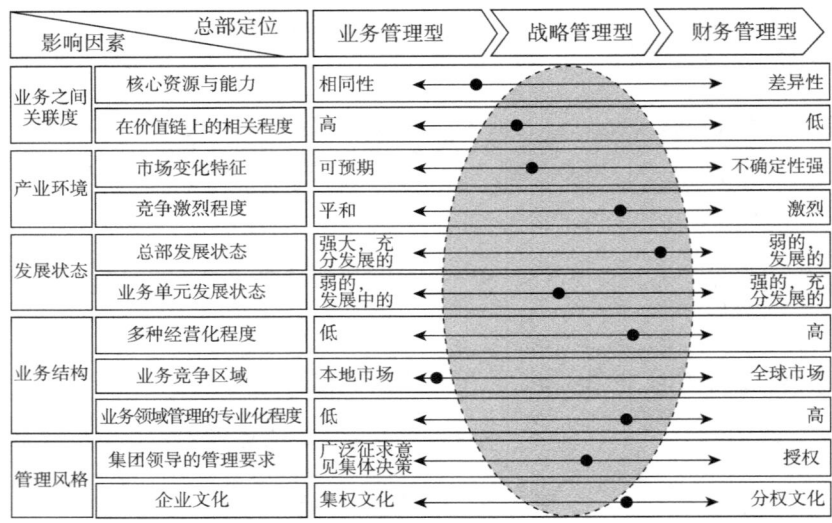

图 5-9　对总部定位进行具体的细化分析与选择

企业实践中，我们发现很少有企业是完全单一标准的总部定位，通常是混合型的企业总部定位。例如，上图中按照五因素分析，该企业总部的定位选择为：业务管理－战略管理混合型。

根据三种类型的总部定位职能分析，我们将该企业总部职能定位如表 5-4 所示。

表 5-4　某集团总部的职能定位

类别	体现原则	职能定位
总部	集中决策	经营协调中心
		战略管理中心
		财务中心
		人力资源中心
		资源配置中心
各分子公司	自主经营	经营运作中心
		生产中心
		营销服务中心

2. 根据定位明确各型经营单元的核心管理内容

各分（子）公司级战术经营单元实际上是权力与责任分配的载体。因此，一方面，应该拥有完全的经营自主权，能够独立进行生产经营活动，独立核算，是一个利润中心；另一方面，又不是绝对独立的单位，要接受集团总部战略经营单元的控制、监督。二者之间的定位要充分体现"集中决策、自主经营"的管理理念，如表5-5所示。

表5-5 经营单元的核心管理内容

类别	体现原则	职能定位	具体内容
总部战略级经营单元	集中决策	经营协调中心	对分（子）公司级单元或单元之间的经营的统筹管理与协同
		战略管理中心	制定集团整体的战略规划，指导、审核各分（子）公司级战术经营单元经营战略并监督实施执行情况
总部职能经营单元		财务中心	制定集团财务预算并进行投融资活动、资金管理活动；进行分（子）公司级战术经营单元的财务分析及监控
		人力资源中心	制定集团整体的人力资源规划及基本的政策制度；实施分（子）公司级战术经营单元领导班子的聘任、考核及奖惩等
		资源配置中心	根据集团整体战略规划，统筹、协调、调配、规划集团的各种资源，提升集团整体的运行效率、实现效益最大化
各分子公司级战术经营单元	自主经营	经营运作中心 生产中心 营销服务中心	执行本分（子）公司的战略，对采购、生产、营销、职能管理等职能进行具体的自主运作，达成年度经营目标，成为一个利润中心

3. 进行核心管理内容与经营单元的责、权匹配

职责与权力是把组织紧密结合起来的黏合剂。职责是对权力运用的制约，权责对等是组织正常运行的基本要求。有权无责容易产生盲目指挥，不计后果；有责无权则会严重挫伤员工的积极性。为了充分调动各经营单元自主经营的积极性，必须根据其核

心管理内容,科学、恰当的配置其权利与责任。具体授权时应该注意:

首先,根据组织现状成熟度授权原则,即授权要根据经营单元的发展阶段、能力、业务特点、领导人胜任情况等因素综合考虑,不能一刀切。

其次,同类同级的经营单元相同相似原则。例如,战术经营单元中,K1、K2、K3车间级经营单元,其责、权应该统一。L1、L2、L3班组级经营单元,其责、权也应该统一。

最后,不同类型的经营单元差异化授权原则。处于核心业务价值链上的经营单元一般授权范围较小,而处于非核心业务价值链上的经营单元授权范围较大。价值链上的涉及职能业务方面的经营单元通常授权较严谨,要通盘考虑总部定位、职责等内容。

总部战略型经营单元一般拥有以下责权:

(1) **重大经营决策权**:制定集团战略方向、战略目标与经营方针;指导、审核、监督执行下属分子公司的经营战略、经营计划;建立、传播集团共同的愿景、价值观和企业文化;管理集团业务组合,确定并实施重要的投资并购活动,创建集团共同的运作政策、标准和流程,培育集团核心竞争力;管理集团品牌,监控集团的运营风险。

(2) **合理监控权**:管理、评估、考核下属企业的经营管理活动;监督和指导下属公司的财务状况。

(3) **资源分配权**:建立集团资源共享平台,制定、实施下属企业间的资源分配机制;整合集团资金管理、市场营销渠道和供应链管理。

(4) **高层人事权**:集团及分子公司班子建设、能力建设工作,核心人才的考核、任免和能力的培养等。

(5) **重大活动管理**:负责股东关系管理,对顾客、供应商、中介机构、协会、政府等公共关系管理和集团危机管理。

（6）**共享服务**：提供各种共享服务、信息技术支持、质量标准、保险、养老金管理、人事财务处理、政策咨询、教育与培训、国外服务等运营提供服务和专家支持。

战术经营单元、职能经营单元在公司的授权范围内，自主开展经营活动。经营成功的关键是是否拥有相应的资源与充分的自主权以调动全员的积极性参与经营。如果授权不到位，势必影响经营单元运营的顺畅程度，甚至难以开展正常经营。因此，通常要求拥有以下权力：

（1）拥有在公司总体战略框架下，制定运营计划、细分经营目标的权利。

（2）拥有日常经营中业务的经营决策权，包括新品开发、品牌推广等具体经营管理权。

（3）拥有独立开展经营所需资源的使用权、分配权，即在授权范围内对资源的占用、支配、使用、处置享有充分的自主权，同时对经营成果承担责任。

（4）拥有经营单元内部员工薪酬方案制定权、考核权、任免权或核心员工的使用建议权。

第三节　经营单元的组织调整（分裂与合并）

把组织细分为各级经营单元，目的是要能灵活应对市场变化。因此，经营单元的划分不是一次以后就万事大吉了，而是要根据公司战略、市场的变化和对手的动态，随着业务流程的改变、优化和调整，及时做出调整。

经营单元的组织调整，是指经营单元的组织分裂、合并等，涉及现有经营单元组织结构与责权变化的一系列组织变革行为。

经营的深处是哲学。经营单元的合并、分裂表面上是相互矛盾的，但从深层次看却是对立统一的。无论是合并还是分裂，都是为了经营单元经营业绩提升，以及成员积极性的有效激发。因此，实践中只要觉得目前经营单元的经营出现问题，都可以尝试进行组织调整。只要是经过论证，确认调整后有利于经营，都可以进行大胆调整。建立并保持一套有活力的经营机制，促进成员全情参与与业务开展，是我们首先要考虑问题。具体的实施过程中，每个企业可根据本企业的实际情况自行制定调整规定。

例如，W集团在实践中采用了以下做法：

1. 调整条件

当出现以下情况之一时，可以考虑进行组织调整。

（1）该经营单元的经营者通过核算、分析经营成果，也很难清楚了解目前的经营状况。

（2）该经营单元经营者的经营能力有限，不适合继续留任且该经营单元内无适合替代人选。

（3）该经营单元调整后能进一步激发组织活力、提升组织业绩。

（4）因公司战略调整、市场需求变化等因素，没有必要对该经营单元进行独立核算、独立经营。

（5）经营单元调整后，更加有利于经营成果核算或业务经营更顺畅。

2. 调整原则

（1）公平、公开、公正原则。

根据内部、外部的市场机制，力求公平、公正地判断各经营单元的调整是否合理，运行情况是否良性，进而精确地做出该经营单元是否需要调整及如何调整的决定，并进行科学的重新调整。

(2) 有利组织运行原则。

必须根据市场变化和竞争对手的动态，时刻调整组织，以建立符合当时情况的最优化组织，打造人人都具备使命感的组织，并让经营者能够全盘掌握业务状况。

(3) 职责权限分明原则。

责任、权力、激励措施要明确、恰当、可执行，这是一个组织能够长期持续顺利运行的基本条件。明确经营单元运行的游戏规则、运营范围、激励条件及数量，保证调整后的经营单元在正确的方向上具有内在动力并持续运行。

3. 调整步骤

(1) 统计、分析该经营单元的经营状况。

(2) 分析该经营单元是否符合调整条件。

(3) 论证调整后的经营单元是否满足设计的 5 大目的，是否能顺利运行。

(4) 向上级经营单元申请组织调整。

(5) 上级经营单元批准后实施组织调整。

4. 调整审批

当组织需要进行合并、分裂时，根据发展实际，分别履行以下审批权限：

(1) 战略、战术、职能类经营单元需组织调整时，由该经营单元进行申报，集团人力资源中心会签，集团主管领导审批后实施。

(2) 战术、职能类经营单元（为一级）的内部细分的二级经营单元需组织调整时，经一级经营单元组织论证、审批，分（子）公司人力资源部审核、备案。

(3) 战术、职能类经营单元（为一级）内部细分的三级及以下的经营单元需组织调整时，经二级经营单元组织论证、审批，分（子）公司人力资源部备案。

5. 审批表格

审批表格如表 5-6 所示。

表 5-6 经营单元调整审批表

年　月　日

经营单元名称		人数		经营单元类型	
组织调整的理由					
调整建议					
论证结论					
人力资源部门意见					
集团主管领导批示					

6. 经营单元调整的案例

2014年年初，W集团A制造基地开展阿米巴经营，在生产系统经营单元设置时，初期方案如下：包装车间分为三级经营单元，分别为一级车间经营单元（1个），二级生产班经营单元（4个），分别为B1经营单元，B2经营单元，B3经营单元，B4经营单元；三级工序经营单元（20个），如图5-10所示；洗瓶5个（B1班1个、B2班各1个、B3班2个、B4班各1个），灌酒5个（B1班1个、B2班各1个、B3班2个、B4班各1个），贴标6个（B1班1个、B2班各1个、B3班3个、B4班各1个），组装4个（L1班、L2班各1个，L3班2个）。

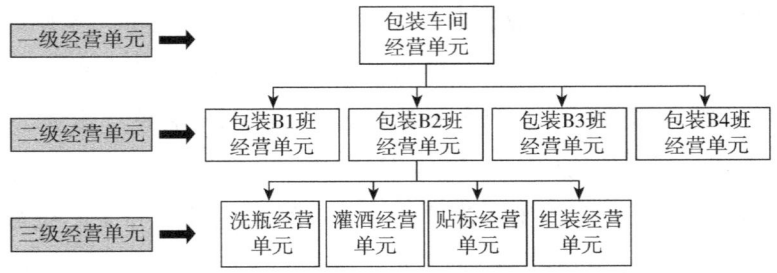

图 5-10　W集团A制造基地经营单元设置图

经过试运行后一个阶段后发现，组装经营单元的经营业绩计算比较复杂，同时准确性差，造成成员积极性普遍下降。分析原因：

首先，该经营单元主要是承担散瓶成品的"装盒装箱"的工作，该项工作采取流水线作业，有 4 个小组同时承担此项工作。各个小组人力熟练程度差距较大，导致各组的装箱速度有快有慢，初期方案中将其作为一个经营单元汇总在一起核算的方式，影响了成员的积极性。

其次，该经营单元还承担一个叠盒功能，即将准备好外箱内盒等包装材料输送到生产线，为四个小组装箱生产服务。此项共享类服务无法判断某批次"外箱内盒"是为哪个小组服务的，核算时只能平均分配。

调整方案：首先，将组装经营单元再次细分为 1 个叠盒经营单元、1 个装箱经营单元。然后，再将装箱经营单元按照工序位置拆分成 4 个可以独立核算的小装箱经营单元。最后，增加了 1 个入库经营单元。具体结构如图 5-11 所示：

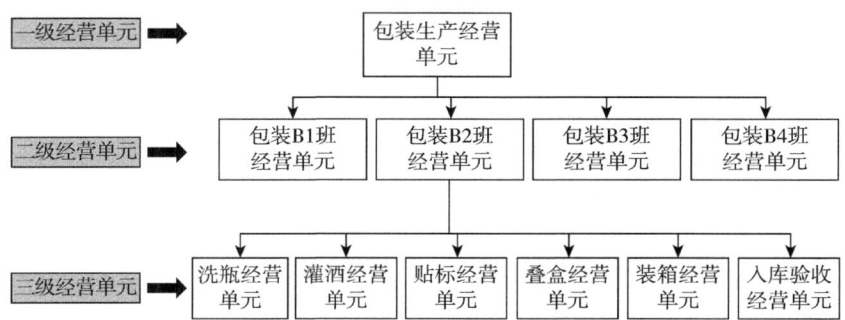

图 5-11 W 集团 A 制造基地经营单元调整图

集团化企业阿米巴实战案例

第六章 核算篇
（运营层五要素之三）

第一节 单位时间核算制度

公司管理中的业绩评价模式服务于企业的薪酬机制,员工良好的业绩应该获得丰厚的薪酬。实践中,我们常用的业绩评价方法有投资报酬率、剩余收益、经济增加值、社会增加值等。单位时间核算制度和上述业绩评价指标一样,也是衡量组织经营状况的重要指标,不过它计算简单,更易于被普通员工理解。

1. 阿米巴的单位时间核算制度

所谓"单位时间核算制度",是指能体现单位时间里所产生的附加价值的会计体系。阿米巴经营的核心目标只有一个,那就是"单位时间内追求销售额最大化和经费最小化"。其中,附加价值并非我们通常意义上的同样的价格提供更多的服务,而是指"以更少的资源做出市场上价值更高的东西"。

单位时间附加价值=销售额-费用(劳务费以外的原材料费

等）/总劳动时间（正常工作时间+加班时间）（以生产部门为例）

单位时间核算制度是阿米巴经营独创的一种会计体系，让不懂财务的员工也能轻松核算。在阿米巴经营中，不仅进行成本管理，还要想方设法把实际成本做到比标准成本更低，以最少费用实现订单，以最少的费用创造最大的价值，从而实现附加值的最大化。

第一，每个阿米巴独立核算。

各部门都作为阿米巴进行自行决策、独立核算，这样部门就变成了小的经营体。每一个阿米巴将每天经营的数据填写到表格中，汇总后计算出本阿米巴的单位时间附加价值。单位时间核算表是阿米巴经营结果的晴雨表，通过纵向和横向的比较，得出当天经营优劣的结论。

第二，内部购销机制。

产品在各阿米巴之间流转时，是通过购销的方式进行的，形成了阿米巴之间的买卖关系，整个企业形成了内部市场关系。因此，阿米巴之间进行购销的产品的定价是一项重要工作。

第三，每日核算经营成果。

目前，企业通常为以月、季、年为周期进行经营业绩的核算、审计。单位时间核算制度要求每天进行核算，这种高效的核算方式使得管理者和现场员工都能第一时间得到统计数据，及时地了解市场动向，迅速地调整经营计划，增强了企业的灵活性。

第四，员工须了解核算结果。

团队只有在目标一致时才能激发凝聚力，员工只有在了解了经营成绩时才能产生主人翁的意识并紧密团结工作，进而努力实现经营目标。阿米巴核算要求员工都要知道单位时间核算表的核算结果。通过结果信息实时沟通，激发竞争意识、目标导向，努力工作提升经营业绩。

2. 单位时间核算制度的特点

阿米巴经营的单位时间附加值核算制度是一套非常完整的核算方法，有着非常严密的逻辑体系，是阿米巴经营的核心内容。任何制度、工具要发挥作用，都需要建立在一定的管理系统与企业文化之上。我们认为，单位时间附加值核算制度具有以下特点，在设计本企业核算制度时需要注意。

第一，**收入多少直接影响单位时间核算结果，因此定价是经营的基础**。对于最终的销售阿米巴来说，收入定价可以按照市价进行。但是内部各道工序的阿米巴组织之间形成的半成品购销关系，并没有直接的市价可供参考定价，因此必须设定阿米巴之间的售价。在阿米巴经营模式的内部，各阿米巴组织的售价是从销售给客户的最终售价进行倒推计算得到的。

第二，**阿米巴经营核算使用的费用项目不同于传统会计核算中的费用项目**。阿米巴的费用项目包括原材料、水电费、利息、折旧费、内部技术费等，但是不包括劳务费、应付职工薪酬等项目。

第三，**单位时间附加值的核算结果并不是该阿米巴的单位利润**，不能直接反应阿米巴经营是盈利还是亏损。

第四，**因为定价的公平性问题，一定会引起阿米巴之间出现矛盾**。在阿米巴之间出现矛盾的时候，阿米巴的解决办法是本着"做人何为正确的原则"，由高层的管理者进行断定。这就要求高层领导人公平、公正，令人信服且具有说服众人的能力。然而，有些冲突，例如销售和生产部门之间的冲突，实践中是非常难以协调的。

第二节　生产型经营单元核算体系设计

在 W 集团，我们将业务型经营单元定义为，经过经营单元的业务运作而直接产生经济效益的部门，主要包括营销部门、酿造部门、包装部门、生产部门等。其中，结合企业当期实际情况，我们按照以下方式核算生产型经营单元效益。

1. W 集团遇到的核算难题

在 W 集团的阿米巴实践中，笔者发现，在设计阿米巴核算体系时，有几个问题难以解决，而且它们互为因果关系，一个问题的解决影响另一个问题的解决。

（1）定价是阿米巴经营的基础，但是生产型阿米巴内部之间如何"内部定价"比较困难，因为中间产品通常没有外部市场的参考价格。定价的公平性就成了一直难以解决的问题，国内很多企业由于这个问题解决不好，导致了阿米巴运营无法持续。在经营出现问题时，依靠 W 集团的高层领导现有的领导力，凭借"做人何为正确的原则"进行判定，通常解决不了问题。

（2）费用核定上，阿米巴经营并不包含"人工费、劳务费"等涉及人力成本方面的核算。这样设计的好处是避免各阿米巴中新老用工数量不同、薪酬总额不同，进而导致不公平竞争。但是，这也导致了阿米巴之间人力成本难以真实评价的问题。

（3）阿米巴的核算结果并不是该阿米巴的单位利润，不能直接体现阿米巴经营是盈利还是亏损。这一点按照 W 集团内部员工和领导的常规思维习惯非常难以接受，既然不能核算经营成果，何必要费这么大力气算它？

（4）阿米巴经营核算的时间周期以天为单位，这要求内部的信息化系统、核算系统、人员素质相对较高。W 集团内部员工生产型员工普遍初中以上学历，营销人员是高中以上学历，而生产系统班子以上干部是中大专以上学历的为 10% 以下，难以接受每天核算经营结果的要求。

（5）阿米巴经营核算计量计数设备的前置性投入问题。几家主力生产厂全部是新中国成立后成立的，虽然经过多轮技术升级改造，但是受到行业平均水平限制，自动化程度参差不齐，在设备的自动化计量方面需要大量的设备投入。例如 A 生产厂总计要加装 400 多个光电计数器，每个 5 万元，总计 2000 万元以上。由于短期内难以见到经营结果，这样的前置性投入风险较大，没人敢承担决策责任。

2. 核算设计

为此，我们在 W 集团的经营单元核算体系设计中，采用了渐进式变革的思路来推进阿米巴经营，做到了基于企业实际情况，"简化设计、直观化核算结果、系统化落地"。

第一，核算什么。我们放弃了单位时间附加值核算，而是采用"单位创造价值（单位利润）"核算的方式。我们通过评估各经营单元经营成果"价值创造"的多少，对各经营单元进行比较与排名，确定他们的经营业绩。为了直观化经营成果，我们设定：

创造价值 = 销售价格 × 销售数量 − 采购成本 − 人工成本 − 各项费用

单位创造价值 =（销售价格 × 销售数量 − 采购成本 − 实际人工成本 − 各项费用）/ 总工时

第二，核算中加入了人工成本。不核算人工成本，无法真正确定每个经营单元的当期实际的创造价值；而核算人工成本，经营单元间会因为不同级别员工、新老员工工资差异导致用工矛盾、人员使用争议等问题。为此，设计时采用了标准人工成本的概念，即具体核算某一经营单元时，不采用该经营单元的实际人员成本，而是采用同一级别的全部经营单元总人工成本的平均值作为标准人工成本，乘以某一经营单元的实际人数来计算其人工成本。

经营单元总人力成本核算时，主要包括人员工资、差旅费、社保费、住房公积金等，按照公司支付该经营单元的全部人力相关费用总额进行核算。

第三，简化设计指导价。交易指导价是阿米巴核算体系的最核心问题，W集团规定：

（1）阿米巴经营的导入阶段，集团各生产型单元统一执行"交易指导价"。交易指导价测算以各经营单元达到盈亏平衡点为标准，即经营单元在正常生产效率、标准人力配置、标准损耗时达到的工作产出，其创造价值为零。公式表达为：

创造价值（利润总额）＝销售价格×销售数量－采购成本－人工成本－各项费用＝0

（2）只有在生产效率提升、人力配置低于标准、损耗低于正常时，经营单元才可能创造价值。

交易指导价＝（总工时×标准单位时间人工成本＋费用＋采购成本）/销售量

要求各经营单元中每个产品的交易指导价必须根据此公式依次测算，经过3~6个月实际运行，进行验证后再做调整。测算交易指导价时涉及的关联表单较多，需收集整理的基础数据较多，因此需要指定责任心较强的固定人员来测算交易指导价，集中时间一气呵成完成指导价测算，防止出错或重复劳动。

（3）准确测算交易指导价的前提，是有清晰地反映目前生产效率水平及各项成本费用水平的标准，包括产品定额、材料损耗定额、生产能耗定额、费用预算标准等。

集团人力行政中心牵头复核所有产品定额，负责会同生产运营中心组织各生产部门对现有生产水平下各产品的劳动定额进行重新测定，摸准目前的生产效率情况；生产车间根据材料损耗预算指标，复核每个产品的材料损耗指标，确定目前生产过程中的损耗情况；财务中心根据车间反映现状的能耗定额或历史均值水平与修订后的工时、产量、人员分配标准，以及材料损耗数据进行指导价的调整。

（4）进入正式实施阶段后，原则上各经营单元之间交易采取自主谈判定价形式，目的是为了激发各级经营单元的经营意识。各经营单元之间能协商定价的，执行协议价；经过上级主管部门协调后，仍未能协商定价的经营单元，执行交易指导价。

第四，规范各项费用核算科目。 费用主要分为行政性费用、生产性费用。行政性费用主要包括各类办公费、公摊水电费、房租费、公摊折旧费、运费等。办公费、房租费按照各经营单元人员数量进行分摊。公摊折旧是指经营单元进行生产经营中的公用设备或辅助设备，如厂房、中央空调、周转罐及管道、电茶炉、电脑等，按各经营单元的生产场地占地面积进行比例分摊；公摊水电费，定义为除了直接水电费用之外的水电费用，如公共照明、中央空调、车间通风设备、车间用水、宿舍水电等，以人均分摊或生产场地占地面积比例等形式进行分摊。

生产性费用中，维修费定义为因设备故障发生的相关维修费用。五金材料费定义为领用的五金材料、备品备件、劳保用品等费用。原材料费定义为生产过程中领用并最终形成产品组成部分的材料费用。以上费用指导价格以历史实际价格累计平均计算确定。折旧费定义为经营单元进行生产经营中独立使用的机器设备折旧。设备为进行经营所需生产设备,例如包装生产中的洗瓶机、灌酒机、压盖机、风刀机、贴标机、喷码机、封箱机等设备折旧;酿酒生产中所需的蒸锅、甑、吊车等设备折旧。直接水电费是指可明确区分各经营单元独立使用的能耗,如车间洗瓶设备、灌酒设备、风刀设备、贴标设备、封箱设备等的实际耗水耗电数量。

第五,设计傻瓜式电子化核算工具。将复杂的核算过程,通过电子化表单的形式完成。核算表中通过 excel 函数 vlookup、sumif 应用,建立代码引用,主表中自动关联相关数据,让普通员工所填的核算表单,项目尽量少、内容尽量简单。

员工应用核算工具时,首先输入生产产品的编码,表中自动生成产品、交易指导价、采购材料价格等;其次填入交易数量、采购数量、分摊水电、人员工时等,系统自动完成核算。

第六,明确各项计数标准。

原则上,核算时采用的数量值以机器计数、第三方原始凭证为主,人工计数为辅。为了避免初期投入成本过高,经营单元可视化设备、场地等具体情况,研究确定是否需加装计数器以及安装的具体位置,以能够满足核算需要为准。以生产车间为例,具体为:领料单-洗瓶-计数器-灌酒-激光喷码机计数-贴标-计数器-装箱-机械手计数。

经营单元的销售收入(数量)是指在销售商品、提供劳务等经营活动中所获得的经济利益的总流入,通常以各经营单元之间实际交易的产品(半成品)的个数来核算其数量。

经营单元的成本（费用）是为了生产和销售一定数量产品，所耗费资源的经济价值（用货币计量）。计算的成本主要指消耗的生产资料及人工费，包括了材料费用、折旧费用、销售费用、管理费用、人工成本等。同时，经营单元核算期间，因生产经营需要而发生的各项成本、费用都应计入，具体的核算方法参见交易指导价格核算中的相关规定。

3. 核算实施

首先，对骨干员工开展核算工具培训。阿米巴经营开始前，W集团要求全部骨干员工必须会核算。实践中，我们发现，培训工作需考虑骨干员工的文化层次及认识水平，应少理论、多实践示范，使用傻瓜化、简单化的模板，以浅显易懂的方式讲授；服务式培训更易被基层员工接受，以服务和探讨的态度指导员工学习，营造没有压力的学习氛围。此阶段的培训成果应达到各级经营单元长和骨干会试算、能粗算、能核算。

其次，分阶段、分层次、分重点逐步推进全员核算工作。W集团要求，阿米巴正式经营开始后，经营单元的全员必须对经营成果"会核算、会精算、会分析"。这是一个系统工程，具体推行时我们分步实施：运行初期，做到全员能粗算、骨干会精算，此阶段培养成员的核算意识比核算结果准确更重要；运行3个月后，做到全员能精算、骨干会分析经营成果，此阶段要逐步提升核算结果的准确性；运行6个月后，重点关注经营结果分析，持续提升核算水平。

最后，根据要求定期进行经营成果核算分析。W集团要求，生产型经营单元的核算周期为每天，营销型经营单元核算周期为每周，职能型经营单元核算周期为每月，运营初期6个月内可以适当放宽。

进行经营成果核算时，首先要确定经营单元的核算工作流程，然后根据核算流程重点进行单位创造价值核算与经营业绩分析。核算工作流程按照经营单元的类型不同、层级不同，进行分类设计。

通用流程为：试运行前，财务中心负责测算并提供《经营单元交易指导价》；正式实施后，逐步实现各经营单元自主协商定价。运作中，每天要核算交易数量、核算经营费用、核算工时、人工成本，最后核算出各经营单元每天的创造价值。核算表如表6-1所示。

表6-1　《W集团_____创造价值核算表》（生产型）

日期项目	×××经营单元				
	班次	品名	销售指导价	数量	金额
销售收入 A					
采购成本 B					
费用合计 C					
行政性费用 D					
公摊折旧费 d1					
公摊折旧费用 d2					
办公费 d3					
运费 d4					
房租费 d5					
生产性费用 E					
原材料费 e1					
五金材料费 e2					
直接水电费 e3					
维修费 e4					
人工成本 F					
创造价值（利润总额 G = A - B - D - E - F）					
总工时 H = h1 + h2					
生产工时 h1					
分摊工时 h2					
单位创造利润 L = G/H					

第三节　营销型经营单元核算体系设计

考虑到快消行业的销售特性，我们在营销型经营单元核算设计时，没有采用每天核算经营成果的方式。鉴于历史数据不足等原因，在导入初期我们的核算周期为月度，以后逐步缩短核算周期到每周。下面举例说明分公司级营销型经营单元的核算方案。

1. 核算设计

核算工作的根本，是准确界定经营单元的核算内容。我们在设计 W 集团方案时，将其定位为：**创造价值＝销售价格×销售数量－采购成本－人工成本－各项费用**。它本质上是剔除出了各项费用和人工成本后的利润增加值，这种核算方式下的核算结果容易被基层员工理解。

为了避免定价问题可能导致的运营困难，营销型经营单元核算体系的设计思路与生产型经营单元相同，也采用了利润增加值的核算方式来对各经营单元的经营成果进行核算，同时以"效益提升"为目标导向促使各经营单元提升运营效率。

通过分别测算经营单元当年当期与上一年同期实现的利润总额，二者差额对比，获得本期经营利润增加情况。

经营单元的本周创造价值＝累计价销售收入－产品总成本－累计当期市场性费用－累计行政性费用－累计人工成本－去年同期当期利润－周初累计创造价值

经营单元产品总成本，由财务中心负责按照经营单元的所辖经销商当期销售产品实际成本进行核算。市场性费用是指经营单元市场运作过程中产生的各项费用，主要包括各促销类、客情类等各营销型经营单元可以自由支配的变动费用。为了避免市场投入费用的重复核算,要求各经营单元按照渠道经销商为单位进行此项费用的归集,即经销商属于哪个经营单元、市场投入就归集到哪个经营单元。渠道商的固定返利和集团层面统筹的各类公关费、广告费、产品研发费等营销型经营单元无法自由支配的费用,不属于市场性费用。

2. 核算实施

第一,财务中心负责根据上一年同期经营单元产品销售、产品成本、市场投入、行政人力费用等,核算确定上一年同期利润额;第二,财务中心按照同样方式确定月初累计利润增加值,然后分别核算产品销售额、产品成本、市场投入、人员工资、差旅费用、运输与装卸费等;第三,每月初,由财务中心、人行中心负责提供产品销售、产品成本、市场投入、行政费用等数据,各经营单元自行核算当月度利润增加值,相关部门进行复核;第四,持续提升经营成果。

经营单元的经营目的是实现销售额最大化同时费用最小化,提高"利润增加值",主要采用有以下四种途径:努力进行市场拓展提高销售额;进行高效、精准的市场投入,最大限度降低低效投入,杜绝无效投入;最大限度优化产品结构,提高单品盈利能力;最大限度节约、降低其他行政费用。核算表如表6-2所示。

表6-2 《W集团_____创造价值核算表》(营销型)

日期项目	×××经营单元				
	班次	品名	销售指导价	数量	金额
销售收入A					
采购成本B					
费用合计C					

续表

日期项目	×××经营单元				
	班次	品名	销售指导价	数量	金额
人工成本 F					
行政性费用 D					
公摊折旧费 d1					
水电费用 d2					
办公费 d3					
装卸运费 d4					
房租费 d5					
市场性费用 E					
市场投入 e1					
人工费 f1					
社保险费金 f2					
差旅费 f3					
创造价值（利润总额）$G=A-B-D-E-F$					
去年同期利润 H					
本周创造价值 $L=G-H$					

第四节　职能型经营单元核算体系设计

这里的职能型经营单元，是指本经营单元的业务成果不直接创造利润的部门，而是通过提供支持、服务等方式，从增收与节支两个方面为其他经营单元节省其内部的成本、提高其运营效率及人员能力、提升其获得利润的能力，进而创造了间接经济价值部门。

在 W 集团，职能型经营单元设定为：人力资源部门、财务部门、审计部门、管理部门、质量管理部门，实际上就是在企业的职能平台性组织。业务型经营单元的管理部门如果被划分成经营单元时，例如营销管理部门、生产管理部，也可以按照职能型经营单元的核算方式进行业绩评估。

1. 核算设计

职能型经营单元完成当期工作任务所要花费的各项成本、费用，按照其实际价格计算。职能型经营单元的经营业绩评价时，当期工作任务成果完成情况对应一定的收入标准。当圆满完成工作任务时，对应的标准收入为当期预算值；当较差或优秀地完成工作任务时，对应的标准收入为当期预算值乘以其对应的工作任务评分。实践中，按照以下步骤核定收入：

第一，制作各职能型经营单元的《年度指标目标考核表》。集团按照运营计划从财务类、客户类、内部运营类、学习与增长四个维度提取年度指标后，按照重要性排序确定 KPI 考核指标，确保指标覆盖了各中心、部门当年的主要工作。之后，各中心、部门根据本部门职责、年度重点工作提炼完善考核指标，补充到集团下达的 KPI 考核指标中，最终确保本经营单元年度考核指标。详见表 6-3。

表 6-3　W 集团人行中心《年度指标目标考核表》

部门	指标内容	考核细则	标准分数	完成时段	评价方法
	1. 建立定员、定岗、定编、定责管理体系与标准，满意度评分 90 分	公司领导满意度评分 90 分得满分，每超标准 5 分加 1 分，不满 5 分按 5 分计；低于 90 分按比例得分	40	3~4 月	部门提供汇报材料，公司主要领导、集团分管领导评价
	2. 制订人才中高层干部的培养方案，设计评价机制实现干部能上能下，满意度评分 90 分	公司领导满意度评分 90 分得满分，每超标准 5 分加 1 分，不满 5 分按 5 分计；低于 90 分按比例得分	20	3~5 月	部门提供汇报材料，分管领导评价

续表

人行年度部门目标指标考核表				
部门	指标内容	考核细则	标准分数	完成时段	评价方法
	3. 建立全集团各职能系统任职资格管理制度并实施，打开员工职业发展通道，并启动实施	建立机制得8分，没有建立机制的不得分，建立并实施的加2分	10	11~12月	部门提供汇报材料，公司主要领导、集团分管领导评价
	4. 建立实施有效的研发人才破格提拔机制	公司领导满意度评分90分得满分，每超标准5分加1分，不满5分按5分计；低于90分按比例得分	10	4~7月	部门提供汇报材料，公司主要领导、集团分管领导评价
	5. 修订采购条线、财务条线岗位说明书	未进行补充修订的本项不得分	10	1~6月	部门提供补充、修订的岗位说明书，考核小组核实
	6. 中高管行业猎聘行动，年度挖取8级以上的行业成熟人才10人，满意度评分90分	公司领导满意度评分90分得满分，每超标准5分加1分，不满5分按5分计；低于90分按比例得分	10	4~10月	部门提供汇报材料，公司主要领导、集团分管领导评价
			100		

考核表中需要明确各指标完成时段，时段的最小跨度为月度。如某项工作在2月份中用15天完成，完成时段中填写"2月份"；如某项工作在3~4月份中用35天完成，完成时段中填写"3~4月份"。

当月评分时，考核指标跨月的，按照标准分值的80%预估分值，指标完成当月按照实际得分统算最终得分。例如，指标"四定（定员、定岗、定编、定责）管理，建立科学的人员配置标准"，标准分数为10分，完成时段为3~4月份。1、2月份计算指标得分时，该项标准分数为0分，所有指标的标准总分不是100分，而是100 - 10 = 90分。3月份计算指标得分时，该项标准分数为10分，评分表标准总分是100分，因为该指标未完成则其

实际得分按照 $10 \times 0.8 = 8$ 分预估。4月份计算指标得分时，该项标准分数为10分，评分表标准总分是100分，指标实际得分为10分，2个月统算最终得分为 $10 + (10 - 8) = 12$ 分；如果指标实际得分为6分，2个月统算最终得分为 $6 + (6 - 8) = 4$ 分。

第二，按照《年度指标目标考核表》各指标的工作内容，编制《经营单元月度预算》，汇总形成经营单元年度预算。月度预算编制时，费用归集按照实际发生原则，如上例中1~2月份的费用中不应包含"指标三定（定员、定岗、定编）管理，建立科学的人员配置标准"的相关费用。

第三，经营单元"月度标准收入"，即为该经营单元"月度预算值"。

第四，经营单元月度实际收入 = 月度标准收入 × 月度指标得分 = 月度预算值 × 月度指标得分。

第五，核定成本、费用时，人工成本的科目主要指人员薪酬、劳务费用、差旅费等，费用的科目主要包括招聘费用、培训费用、信息费用、办公费用等。核算时，成本、费用的科目要与月度预算中的科目相同，按照实际价格与耗用的数量进行计算。

2. 核算实施

我们采用"**单位创造价值（单位利润）**"**核算的方式**，实现对各经营单元经营成果"价值创造"的评估。核算月度经营成果时，按照以下公式：

创造价值（利润总额）= 月度实际收入 - 费用 - 人工成本 = 月度预算值 × 月度指标得分 - 费用 - 人工成本

则：单位创造价值（单位利润）=）创造价值（利润总额）/ 总工时 =（月度预算值 × 月度指标得分 - 费用 - 人工成本）/ 总工时

按照此方法核算经营业绩，经营单元在正常完成当期工作项目时获得实际收入为预算费用，则其创造价值（利润总额）为零。要获得创造价值（利润总额）主要有两种方式，一是增收，高标准地完成工作项目获得更高的评分；另一是节支，即以低于预算中的成本、费用完成工作项目。

集团化企业阿米巴实战案例

第七章 运营篇
（运营层五要素之四）

"阿米巴经营模式"的运营系统是一套员工的自我管理系统。在整个系统中，经营单元能够自行设定目标、组织实施、结果评估、改进提升，即员工满怀激情地按照计划（Plan）、执行（Do）、检核（Check）、行动改进（Action）四个环节循环展开业务经营。每一个PDCA循环意味着一个螺旋式的循环改善过程，在此过程中，经营单元成员通过不断地质疑现有的操作方法、工作流程，分析单位创造价值（单位利润）核算表中反映出的问题等，自发思考解决方案，丰富运营经验，获得经营单元的业绩提升和循环改善。

第一节　阿米巴经营模式下的 PDCA 循环展开

　　阿米巴经营运营工作实际开展时，主要通过PDCA四个步骤的不断循环来实现经营业绩的持续改进与不断提升。通过这一循环系统,各类经营单元能够自发地不断发现问题、分析问题和解决问题。各经营单元可在符合企业整体目标的前提下进行无限的循环改善,上一循环是下一循环的母体和依据,下一循环是上一循环的分解和提升。PDCA 循环是一个螺旋式循环改善的基础方法,不仅适用于某个经营单元,同样适用于整个集团企业,如图 7-1 所示。

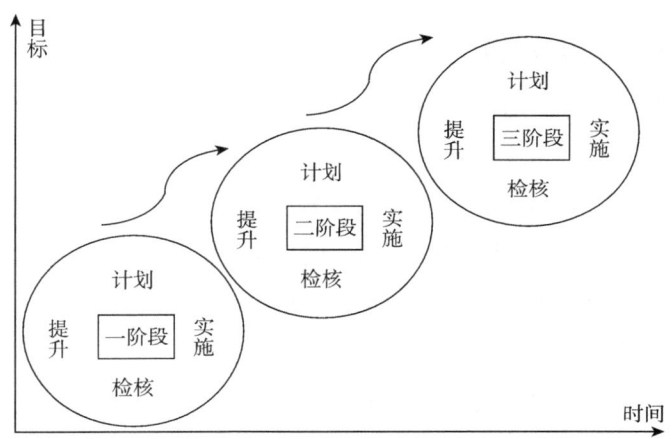

图 7-1 经营单元业绩提升的螺旋式循环改善

1. P 是指计划（Plan）

对于经营单元来说,就是根据年度运营计划制定月度、每周、每天的工作计划。月度、每周工作计划的制定过程,同时也是年度目标的分解与落实的过程,通常根据以下逻辑进行:

首先,根据运营计划确定定期重点工作项目,即工作目标。目标要尽可能地用数字来量化,即使是抽象的目标,也要有明确的评判标准。

其次,确定重点改善、提升项目。从影响经营成果的主要影响因素入手,选择本经营单元最重要的改善项目,详细描述改善项目的内容和达到的标准。

最后,针对每一个改善项目制定具体的改善计划和操作流程，明确"完成时间、责任人、改善措施等"。

2. D 是指执行（DO）

就是经营单元的具体经营工作，要根据工作计划中的内容开展工作，并重点关注改善项目的达成。过程中，根据核算要求收集、记录、存档相关原始数据，并核算本经营单元的单位时间创造价值。

3. C 是指检核（Check）

就是定期总结工作计划的执行结果，根据企业积累的原始数据，运用单位时间创造价值核算表，核算当期经营成果，分析经营成果中存在的问题并找出改进措施。运营方案是否有效、目标是否完成，需要进行效果检查后才能得出结论。必要时可邀请上级、同级的经营单元负责人共同参与经营结果评审、差异分析，寻找提升措施。

通过晨会、周会、月会的形式进行经营成果的核算、公布，使员工不断质疑现有的做法，并对报表中反映出的问题进行分析，自发思考解决方案，激发全体成员的参与意识，积极开展运营工作。

4. A 是指改进（Action）

根据经营结果分析发现的问题，制定有针对性的提升计划，编制下一周期的工作计划并组织实施；固化已被证明的、有成效的提升措施，制定操作模板或者标准化执行流程，并进行推广；对于效果不显著的方案和实施过程中出现的问题加以总结，并将这一轮未解决的问题放到下一个 PDCA 循环，进行下一个循环的改善。

一个 PDCA 循环运转结束，意味着经过一次循环，解决了一批问题，经营水平有了新的提高；然后再进入下一个循环，再进行总结，提出新目标，进行下一次 PDCA 循环；各个经营单元的循环改善又带动了整个企业大的循环改善，在企业内部形成良性的循环改善系统，最终使得企业经营水平不断提高。

第二节　生产型经营单元运营实例

各种类型的经营单元，无论是生产型、营销型，还是职能型，运营中都是按照 PDCA 循环逻辑开展工作。虽然其核算的方式与工具有一定的区别，但运营过程中晨会、周会、月会的主要流程及要求基本相同。做好经营单元的运营工作，核算工具的使用是根本，而开好"运营三会"是有效开展阿米巴经营的重要抓手。现以 W 集团制造车间实际运营案例具体说明，如图 7-2 所示。

1. 制造车间 PDCA 运营流程

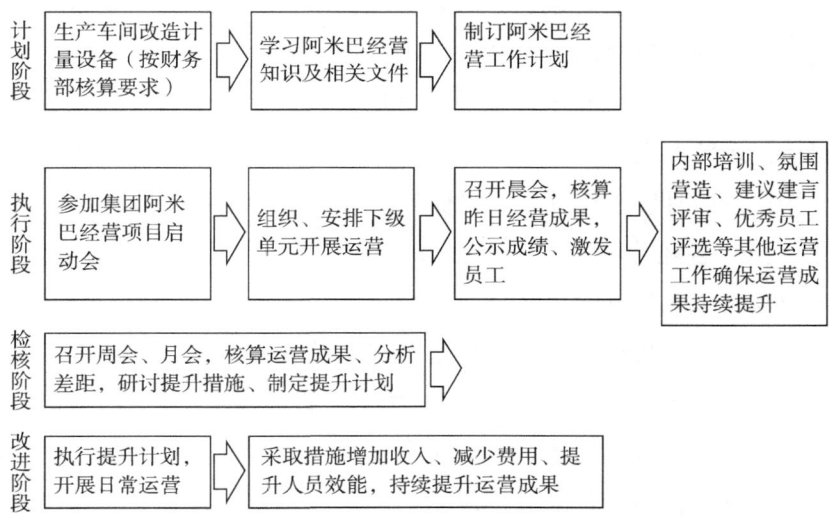

图 7-2　阿米巴经营模式制造车间 PDCA 运营流程

2. 准备阶段运营工作

实施阿米巴经营的经营单元，要统一思想，领导要给予高度重视；部门制订详细的运营实施计划，要明确分工，责任到人。

（1）学习阿米巴经营知识及相关文件。通过学习阿米巴经营模式运营模板、阿米巴经营整体方案、阅读相关书籍等形式，对车间全体员工进行培训。培训后，对各层级员工进行考试、验收培训成果。

（2）改造生产车间的计量设备。车间按财务部的核算工作要求，在生产线上安装与调试计量、计数设备。

（3）制定工作推进计划。参加月度领导小组会议，并按照会议要求及部门实际情况，制定本部门阿米巴经营项目月度工作计划，报领导小组核准后实施。要做好整体项目实施前的准备工作。

3. 实施阶段运营工作

（1）参加项目启动会。各业务经营单元参加由人力资源部门组织召开的项目启动会。

（2）组织、安排各经营单元开展工作。上级生产经营单元负责执行运营方案，按照方案要求指导各下级经营单元长开展运营工作；按照月度工作计划，督促各经营单元开展工作。

（3）各经营单元长组织召开晨会、周会、月会经营分析会，实现经营单元的日常运营。

上级经营长负责督促、检查各经营单元召开晨会，不断提高会议效果。各级经营长要配合人力资源部实施阿米巴经营知识、核算、分析等方面的培训，分步骤实现经营单元长、骨干、全员由会核算到会精算；采取逐级学习、上级培训下级、骨干协助培训同级的形式开展培训经营单元长、骨干员工学会本级与下级经营单元核算及分析；笔试考核达标，并且能够对下级、同级进行培训。

各级经营长要审核、提报本经营单元运营核算结果及分析结果。提升本经营单元氛围、持续打造兴奋点；发动全员、共同参与；跟进了解运营情况，提供运行保障，及时激励经营单元成员，反馈当期问题、根据指导意见及时改进工作。

（4）阿米巴经营氛围营造。营造浓烈的阿米巴经营工作氛围，是阿米巴实施中一项很重要但容易被忽视的工作。各级经营单元要配合宣传部门共同筹划，在厂区内和工作现场的两个大区域，分别进行氛围营造。

首先，为了提升员工参与意识，实现全员参与，组织全体员工进行标语口号征集。接着，将口号提交宣传部制成横幅，在生产现场公示，口号需注明提供者姓名并给予适当的小礼品鼓励。然后，以车间为单元进行阿米巴乐园建设，宣贯阿米巴经营模式的理念。乐园中通过各种看板展示，系统展示经营单元简介、组织架构、激励措施、业绩分析、成员简介等内容，同时各经营单元要创建讨论学习区、心得分享区、光荣榜排名等，为车间员工提供学习、培训和交流的平台。最后，为了形成全员参与经营单元经营的氛围，为员工提供交流业绩和经验的机会和工作平台，各经营单元要鼓励员工在各种阿米巴会议上踊跃发言，营造鼓励踊跃建言、建议的工作习惯。同时，上级经营单元长要每天对各级经营单元经营业绩进行汇总排名，通过结果公示、系统传播、会议讨论等形式，激励先进、分析落后，形成浓厚的阿米巴经营氛围。综合以上，标语上墙、口号征集、管理看板、经营单元乐园打造、月度集体生日祝福、建立经营单元微信群交流等形式，充分调动员工的阿米巴经营积极性，进而增强员工的企业荣誉感、幸福感、归属感。

（5）实施其他运营工作，确保运营效率持续提升。其他运营工作主要包括：内部培训、核算与分析、建议建言评审、优秀员工评选等。

4. 开好运营三个会

"运营三会"主要是指晨会、周会、月度经营分析会。笔者在 W 集团的阿米巴运营工作中发现,"运营三会"的会议管理水平严重影响了运营工作的实际效果。开好运营三个会要做到如下六条:

第一,会议开始时 1~2 分钟,参会的经营单元成员都要共同高唱歌曲或高喊口号,鼓舞士气,提升精神状态。而在会议结束前,成员都要依次高喊"本经营单元口号"或"工作目标与承诺"。而周会和月度会议通常要设计对手 PK 环节或个人公众承诺环节,通过公众承诺人高喊"本月目标誓必达成,否则甘愿受何种处罚"(非经济方面的)等形式,激励士气、调动成员积极性。

第二,三会的召开过程中,唱主角的不是经营长而是经营单元的成员。阿米巴经营模式推行成功的重要标志是达到全员参与,如果运行一段时间后发现广大员工没有被调动起来,这项工作最终一定是要失败的。

实践中我们发现,运行一段时间后,非常容易出现各级经营长和骨干参与,而广大员工没有参与的情形。这种现象的根源一定在干部,因此这时首先要进行干部思想整风,要理清理念、统一思想。要向经营长们强调,组织经营裂变模式,就是一种小集体中独立核算、全员参与的模式,没有员工的参与、最终只能是表面文章、形象工程。其次,要贯彻到基层。一定要召开各级晨会、周会、月度经营分析会,尤其是要召开三级经营单元晨会(全体员工参加),落实二级晨会精神,共同思考、解决问题;全员"真的"会核算、会分析,养成每天核算、分析的习惯。最后,将激励措施落实到普通员工。按照激励方案进行及时激励,重点关注团队激励、全员激励,而不是个别干部的激励。

第三,会上重要的工作是核算与分析。不论是晨会、周会、月度会,都要求成员能够熟练用心单位创造价值核算工具,对本经营单元的经验成果进行核算与分析。

第四,三会的汇报流程基本相同。通常先汇报昨天本单元的经营结果,然后分别汇报经营业绩重大差距产生原因、工作亮点、难点汇报(做得最好的事情,没有做好的事情)、今天工作重点工作安排和目标是什么;成员针对如何提升踊跃建议建言。当场评出踊跃建言奖并给予奖励,合理化建议要逐条记录提报者姓名、提报内容,并在下次例会上反馈是否采纳、在看板上进行公示等。

第五,会上经营长的要积极激励员工踊跃发言。通常要求经营长认真执行会议流程,员工发言时注意正向引导,及时给予一定的口头嘉许与表扬,不正确的也不要直接否定。对踊跃发言的员工及时给予小礼品,树立榜样、号召大家向他学习。定期评选最佳建议奖的员工、月度评选优秀员工等。以各种形式达到建立经营氛围、发现经营人才、鼓励经营成绩、持续良性经营的目标。

第六,经营分享与经营检讨成为常态。在三会上,通常我们都会安排当期排名第一的经营单元代表做分享,内容任选成功经验、失败教训、学习心得等。排名倒数第一的经营单元长进行经营检讨。最后由参加会议的最高级经营长总结讲话,对本期的经营结果分析、指出当前工作的问题、安排下期重点工作内容及要求。

当然,每个会议的注意要点和作用各不相同。

首先,晨会是最基层的经营单元全员都要参加的会议。主要作用是预热,使员工开始进入工作状态。经营长重点对前一天"业绩最优经营单元"给予鼓励,对前一天"业绩最优、最差经营单元"的经营检讨进行点评。员工通过昨天的工作业绩的直观排名,获得了竞争的压力与斗志。

其次，周例会一般各级经营长向上级领导汇报进展的会议。通常是在下一周工作开始前召开，由各级经营单元长及骨干人员参加，并负责会后在本经营单元晨会上做好传达、落实工作。

最后，月度经营分析会是月度经营单元经营成果总结与规划的会议，要求以车间为单位召开。要求全体经营单元成员参加，如条件不具备可由各级经营单元负责人及骨干成员参加。

月度经营分析会能让上级经营单元对下级经营单元的月度经营业绩完成情况进行评价和考察，及时发现和解决问题，确保计划的实现；有助于企业总结成功经验，分享最佳实践，并对发生的失误进行总结，避免再次发生类似情况，提高业绩管理水平，引导员工的行为。

月初全体经营单元长及骨干人员参加月度经营发表会，会议开始前一天各级经营单元长提报经营分析表至上级经营单元长。在召开业绩发表会时，各经营单元长和员工都应严肃认真对待，无论是提供数据、收集数据、分析绩效产出，还是总结问题，都应当本着尽职负责的态度，不能随意应付了事、流于形式。业绩发表会应当以事实为基础，基于对客观数据和实践的观察、记录和分析，注意定性与定量相结合，充分反映经营单元的真实状况和实际问题，从而进行合理分析，找出符合经营单元实际情况的解决办法。

业绩发表会主要是发现问题和解决问题，追求工作绩效的改进和提高，通过工作态度和工作能力的改进来实现结果导向的文化，即用"正确的方法做正确的事"。对于工作中的不足，需要及时制订切实可行的改进计划和提高措施，不断提升工作效果，完善企业的制度和经营状况。

三会中，晨会、周会流程相对简单，月度经营分析会流程相对复杂，具体如下：

（1）口号开场，鼓舞士气。

（2）各级二级经营长汇报：月主要工作内容汇报、经营主要经营结果汇报、经营业绩重大差距分析、工作优点自荐、下月本月主要工作安排和目标、合理化建议。

（3）针对具体改善方案进行讨论，明确具体实施办法。

（4）本月合理化建议的采纳情况总结，表扬表现突出的员工。

（5）评选本月特殊贡献奖的经营单元，评审月度优秀经营单元员工，宣布经营单元经营业绩与排名。

（6）排名靠前的经营单元代表做经验分享，内容任选成功经验、失败教训、学习心得等。

（7）排名靠后的经营单元长进行经营检讨。

（8）最高经营单元长总结讲话，宣传经营哲学和企业使命。

（9）口号或公众承诺结束。

日晨会、周会、月经营发表会、建议建言提报反馈相关表格，如表7-1、表7-2、表7-3、表7-4、表7-5所示。

表7-1 日晨会记录表

班组：_____ 时间：_____ 地点：_____

主持人		记录人	
应到人数		实到人数	
会议内容			
工作汇报	经营业绩		
	原因分析		
	建议建言		
"业绩最优经营单元"		（经营单元名称+业绩值）	
经验分享			
总结			

表7-2 周会记录表

时间：＿＿＿＿＿＿＿＿＿＿ 地点：＿＿＿＿＿＿＿＿＿＿

主持人		记录人	
应到人数		实到人数	
会议内容			
工作汇报	经营业绩		
	原因分析		
	建议建言		
最佳建议奖	获奖者＋建议内容		
经营单元周排名	（全部经营单元名称＋本月累计积分值）		
经验分享			
经营检讨			
总结			

表7-3 月经营发表会记录表

时间：＿＿＿＿＿＿＿＿＿＿ 地点：＿＿＿＿＿＿＿＿＿＿

主持人		记录人	
应到人数		实到人数	
会议内容			
工作汇报	经营业绩		
	原因分析		
	建议建言		
经营单元排名	（全部经营单元名称＋本月累计积分值）		
经验分享			
经营检讨			
总结			

表7-4 建议建言提报单（模板）

单位_____ ____月____日至____月____日

序号	所在单位	建议者	存在问题	改进建议
1				
2				
3				

表7-5 建议建言反馈表（模板）

单位_____ ____月____日至____月____日

序号	所在单位	建议者	改进建议	可行性论证
1				
2				
3				
4				
5				

注：第一条填写本周最佳建议；按照建议的质量由高到低进行排列。

5. 提升阶段运营工作

在提升阶段，我们认为要重点关注提升计划的制定与执行，并持续开展工作。按照改进计划，持续地开展运营工作，不断规范阿米巴经营的运营流程，实现PDCA的阿米巴经营运行循环，保持、提升经营单元工作氛围与精神激励的及时性、有效性。

我们发现新方法、新思路、新技术的使用与创新性地引入，对于各经营单元实际经营业绩与管理水平的提升有着重要的意义。通过持续不断地采用各种新措施、新方法，经营单元的各项费用持续减少，收入不断增加，劳动效率不断提升，用工数量不断降低，最终体现在各经营单元的运营成果的持续提升上。同时，我们在不同经营单元之间使用了经营长竞聘上岗机制、官兵互选机制、竞量生产机制、产品定价竞价机制等，充分激发了经营单元的活力，提升了经营单元的运营效率，促使一个价值链上的原料供应、采购、仓储、生产计划、生产制造、营销等不同类型经营单元之间，相互整合工作方式、提升相互配合效率等。

第八章 激励篇
（运营层五要素之五）

第一节　现代企业激励体系设计的几点思考

1. 赏罚不公：一碗羊肉汤，亡了一个国

有一次，中山国君在国都大宴群臣，上了一大锅羊汤，国君让仆人把汤分到客人们各自的碗里。不过，人多汤少，当轮到一个叫司马子期的大夫时，羊汤已经没了。司马子期当时没表示什么，但回到家后，越想越不对劲，认为这是国君在大庭广众之下有意出他的洋相，便愤然离去，投奔楚国。在司马子期的巧辩游说下，楚国举兵攻打中山国。中山国弱小，怎是楚国放手，顷刻间，中山国灭亡了。中山君因一碗羊汤丢了王位，只能仓皇逃往国外。中山国君仰天长叹道："吾以一杯羊羹而失国矣。"

人们可以指责司马子期：分不到羹，气度小，为一点口腹之欲而去干亲痛仇快、投敌叛国的事，是个不忠之士，不义之人。

但我们从另一个角度看，司马子期所争的也并非只为一杯羹，是图尊重、为面子，是因为分配不公，赏罚不明。可见，分配不公，赏罚不明这个隐患，迟迟早早总要爆发的！一杯羹分不公，也可亡一个国呀！

2. 管理人心，将员工从"要我干"到"我要干"，让员工自主经营

随着移动互联网时代的到来，现代企业的组织形态正在发生根本性的改变。现代企业与员工关系不再是简单依附与绝对服从关系，每一个成员都高度自治、自主经营，每一个员工都可以在自己的岗位上发挥关键作用。如何才能激发员工实现自主经营呢？

"财聚人散、财散人聚"。企业的经营机制最核心的是利益分享机制。员工经营成果分享、员工持股或者类股权激励方案，对于激发团队主动性和战斗力具有不可替代的重要性，必须让员工从为公司"要我干工作"，转变成"我要为自己干工作"。

3. 即时反馈，从周期激励变为全面认可激励

对普通员工如何进行有效的激励，一直是企业管理中的一个难点。企业在战略落地、年度计划实施的过程中，要面对员工的认同、配合、努力践行、持续改善等核心问题。将普通员工激励体系由周期激励变为全面认可激励，是解决这些问题和困惑的有效途径。

全面认可激励是指全面承认员工对组织的价值贡献及工作努力，及时对员工的努力与贡献给予特别关注、认可或奖赏。让评价无时不在，让评价无处不在，使得评价体系变得透明，使价值分配有客观依据，从而激励员工开发潜能、创造高绩效。全面认可激励会给企业组织带来良好的组织氛围和更高的绩效产出，提高员工对组织的满意度，为员工提供优秀的企业平台。

4. 高绩效成绩 = 有效行动 × 强烈动机 × 正向思考

与全面认可激励相对应的激励手段，分别是物质激励、精神激励、正能量的经营理念激励。经营理念、文化是无形的手，物质是有形的手，这两只手都不能缺。两者要协调，过分强调理念、文化激励，而没有良好的物质激励，是一种空想乌托邦、不符合企业实际情况；过分强调物质激励，没有正确的经营理念、价值观塑造，会使员工逐步扭曲心态，过分追求物质回报，形成一种现实主义价值观，企业经营会越来越难。

根据马斯洛的需求层次理论，员工在获得了最基本的生理需求、安全需求之后，会有社交需求、自尊需求及自我实现需求。而物质激励则更多地让员工停留在"生理需求"这一层面上。中国现在有不少企业激励方式仅仅停留在金钱物质层面，而没有其他非物质激励，这样容易误导员工将获得高报酬作为努力工作的唯一动力。凡事都是先谈清楚利益后做工作，没有利益就不去做，这就是急功近利。导致员工价值观出现偏差的原因，是企业的激励机制导向出现了问题，要围绕高绩效出现三种因素，综合使用物质、精神、理念文化等手段进行全面激励。

5. 不仅激励，更要全面薪酬管理

在日本的阿米巴经营过程中，当期的核算经营成果单位时间附加值并不直接与员工每天的奖金、绩效工资挂钩。也就是说，员工的当期薪酬、奖金本身跟阿米巴经营成果没有关系。但是，京瓷的产品研发很重要，每次阿米巴经营过程单位时间附加值比较高的人，他们会获得很高的荣誉。稻盛和夫每年都会给科研人员发奖状，跟他们一起合影。

国内企业进行自主经营时，往往出现几种特例：一是很多实施阿米巴经营的企业，把"单位时间附加值"作为薪酬分配的一个依据，创造的附加值越高，能够获得的奖金、红包越多。目前

中国大家都"敬己爱钱",而日本则"敬天爱人",在这种环境中不进行物质激励怎么能行。二是重点推行哲学共享,经营成果与员工的收入无关,出现"饿着肚子谈哲学"的情况,员工参与意识越来越低。三是物质激励、精神激励都考虑到了,过程轰轰烈烈,员工获得了实惠,但企业的实际经济效益没有增加,结果领导不满意,经营活动半途而废,员工怨声载道。

我们认为,仅仅依靠激励因素是不够的,还要考虑到保健因素,二者如何平衡达到员工对薪酬水平的期望;要考虑到员工薪酬水平与企业盈利水平、企业承受能力之间关系。这些是企业长期经营的持久动力问题,需要靠全面薪酬管理来解决。

全面薪酬管理包括四个部分:第一个部分是工资,第二个部分是福利,第三部分是寻求成长的机会,第四个部分是企业文化。如何达到对员工的全面、有效激励,必须系统地考虑各部分之间的相互关系,以及企业当期的分配导向等,综合平衡地设计出企业全面薪酬体系。

第二节 W 集团激励方案设计

笔者认为,阿米巴经营模式的本质是一种"小组织、自经营"的自主经营模式。要实现经营单元的自主经营,其核心是让员工的思想与行为从"要我干"向"我要干"转变。

阿米巴经营模式的激励体系设计,就是要引导员工实现这一转变。激励体系一方面要解决员工的工作动机问题,也就是价值观的认同问题;另一方面是员工创造价值的分享问题,通过对创造价值的科学评估,让员工获得合理的价值回报。

物质激励是基础,但现代员工,尤其是"80 后""90 后",他们更希望得到认可、尊重,在企业中找到家的感觉。只有关注并引导好员工价值观，加强公司经营理念的宣传，在工作中导入正能量，才能在集团层面上不断培养广大员工的感恩思想、责任、拼搏、创新精神及团队意识等。为此，激励方案设计中提出了，"**思想引导、培养树立正确的价值观，是激发员工澎湃激情的持久动力**"的观点。综合考虑以上对激励机制的认识和 W 集团企业的实际情况，我们在设计激励方案时，主要关注以下内容：

1. 基于 W 集团的"以奋进者为本"的奋斗者文化，在激励体系设计时侧重公平、公正、公开的"三公文化"建设。

激励方案系统设计与方案执行过程公开，评价结果全员公示，加强方案宣导与标杆人物建立，综合运用各种方式逐步建立与深化落地阿米巴经营所特有的激励文化。

2. 针对能够产生高绩效成果的各种因素，分别设计物质激励、精神激励、正能量的经营理念激励等激励方式，建立 W 集团完整的激励体系。

实践中，笔者发现，基于 W 集团的实际情况，经营单元采用的各种激励方式中，员工最关心是物质激励、最喜欢的是精神激励，最需要（被引导）的是正能量。国内有些企业在阿米巴激励方案设计时往往有两个倾向：一是没有物质激励，只强调哲学共享、利他文化，经营成果与员工当期收入无关。二是只强调经营结果与员工收入的直接激励关系，缺乏对员工精神荣誉感的树立、阿米巴理念的引导。这两种情况对于阿米巴长久的持续经营都有严重的负面影响，需要加以避免。

W 集团在进行物质激励设计时，是按照经营单元当期创造价值（利润）数量的一定比例分配给员工的。上级经营单元核定激励奖金包总额，即该经营单元月度实际创造价值利润的 X% 作为其月度获得的奖励总额；该经营单元有权根据成员的业绩进行二次分配。如果当月创造价值为负数,则按照一定比例对该经营单元进行罚款。不过,如果是由于公司原因,如订单不足、生产计划安排不合理、开工人数不足等情况,导致当期经营结果亏损,则月度不予考核。经营单元运行一段时期后时,可根据试运行积累的数据核算结果,适当调整奖励比例 X%,但规定了激励上限不能超过 Y%,人均奖励(惩罚)金额 Z 元封顶,这样做实际是限定了奖金包总额,但二次分配时,个人分配额可不受限制。

在进行 W 集团精神激励设计时,我们导入了月度积分制。例如,对于生产型经营单元,我们规定每天按单位创造价值(单位利润)的大小,对各级经营单元进行排名。如果中型经营单元较少,就只对经营结果第一名、最后一名的进行排名积分,正负第一名的分别获正负 A 分。如果小型经营单元较多,我们就对前三名的进行排名积分,第一、二、三名分别获 A、B、C 分,同时对后两名进行排名积分,倒数第一、二名,获得 -A、-B 分。

以上积分每天累加,形成每个经营单元的当期积分总额。根据积分结果,对优胜者采用多种激励形式,如当日经营结果通报、每周小礼品庆贺、月度团建宴会、季度骨干与分公司领导座谈、年度集团领导嘉许等。对于季度、年度表现优秀的经营长、骨干成员,在集团公司组织的人才选拔、职位晋升时,同等条件下优先录用。经营结果排名靠后的经营长,年度不得评优或晋升。

为了使激励体系的经营导向更加鲜明,每月由阿米巴实施推进小组评审在运营过程中有"特殊贡献"的经营单元,特殊贡献包括:踊跃建言、最佳建议、创意改善、QC 项目、精益提升等。对于获奖的经营单元给予一定的分数激励,并对获奖成员给予一定的物质激励。

以上物质激励、精神激励、经营导向激励等内容，基本形成了 W 集团的阿米巴经营激励体系。但是，在实施中我们发现，仍有很多部分干部认为"只需要物质激励，现在人都很现实精神激励没用，员工都是只要做一点工作就要一些物质回报，不要进行精神激励了"。根据此时企业干部队伍的实际情况，笔者提出适时开展领导干部思路整风培训工作。

在会议上强调，管理干部必须改变其管理理念，管理不是"胡萝卜加大棒"那样简单。如果一个干部做工作时，只会和员工谈"钱"（物质回报），那么你的员工反过来也只会和你谈"钱"。现代员工是"复杂的社会人"，有物质的一面，但更有精神方面的需求，因此管理干部要有能力使用多种激励手段，根据下属"心里成熟度"进行"权变式"管理。高级管理干部要有全面薪酬激励的管理理念，"员工在企业总收入等于其货币性收入和精神性收入的总和"，企业给予员工的精神激励、正向价值观激励，是企业支付给员工另一种形式的报酬，对员工绩效行为的提升有着巨大引导作用。整风培训中，除了管理理念的宣导，同时教授了各种管理技巧与管理工具，使得广大干部的管理素质有了显著提升，为阿米巴经营体系的落地实施提供了有力的保障。

3. 实施激励时要强调火炉效应、即时激励，培养经营长的激励习惯，逐步形成组织的激励氛围。

有效激励手段不一定非是物质激励，给予员工必要的尊重与认同往往是最有效的，也是员工最渴望得到的。在 W 集团我们规定，对员工的微小进步也要立即给予鼓励，毫不吝啬地给予精神激励。例如，在阿米巴经营日晨会、周总结会上有着明确的规定："日晨会通报时，经营长在开始与结束前，都必须带领大家高喊团队口号，保持积极心态，鼓舞高昂士气；然后，公布前一天经营单元排名结果，对积分较高的经营单元进行通报表扬。"

晨会上经营长重点工作是要充分调动大家发言积极性，对敢于发言、勇于发言的成员通过鼓掌、口头表扬等形式给予充分肯定，而对于发言有问题的员工，不能当场批驳或责罚。对问题分析、建议建言优秀的员工可以当即表扬，评选为踊跃建言奖，并在当天看板上公示。最后，各经营单元的经营结果排名要在车间管理看板、车间 LED 显示屏等处公示，全天滚动播出当天优秀成员、获奖员工的工作业绩，营造车间浓郁竞争气氛。

在召开周骨干例会时，经营长首先通报上周经营成果积分排名，并进行经营现状与问题分析。然后，对排名前三的经营单元团队给予一定标准的礼品奖励，对被评为最佳建议奖的骨干员工给予相应礼品奖励，增强员工归属感、荣誉感。最后，排名倒数第一的经营单元长要在周例会上做经营检讨，并提报下周改进计划。

周会上，上级经营长要重点关注那些进步很快的、连续表现突出的、有培养潜力的成员，不仅要逢会表扬激励，更要指导专项培养计划，确保人才获得持续激励与成长。

4. 激励形式与激励方法要多元化，持续提升激励的有效性与针对性。

在 W 集团阿米巴经营的设计中，我们规定，"激励方法要避免按照方案照本宣科，不要千篇一律，可以在激励原则指导下，根据不同情况灵活实施。"

实践中，有的生产型经营单元为了加大竞争作用，引入了订单竞价生产机制，即：在生产条件许可且能满足正常、平稳、安全、有序生产的条件下，经分（子）公司成品调度中心同意，可将总生产计划的一定比例订单（根据实际情况决定）由各级经营单元以竞价形式进行生产，以报价最低者获得该批订单的生产权。

为了鼓励员工踊跃发言，设立了踊跃建言奖。具体操作是这样的：上级经营单元授予下级经营单元适度的奖励权限，由下级经营单元自主决定每周 N 个获奖名额，用于奖励每天晨会踊跃发言、主动思考的员工，并当场发放奖品。这可以起到烘托会议气氛、即时激励的作用，具体的评价方式、颁发的奖品与发放方式都由下级经营单元自行决定，并定期调整。

为了鼓励员工进行创新工作、持续改进，设定了合理化建议（鲁班）奖。鲁班奖的建议内容，一般从每周例会上征集到，经过下级单元长汇总，再报上级经营长审核。本级经营单元接纳的建议，经营长需要在 2 个工作日内组织论证可行性，可行就要组织实施；如本级经营单元不能自主决定是否采纳的改善建议，需 7 个工作日内提报上级经营单元批示，相关部门在 2 周内组织可行性论证并将结果给予反馈。鲁班奖评选一般是在月度、季度进行，经营单元根据本级采纳、上级反馈的论证批示结果等，评选当期的鲁班奖获得者。

鲁班奖评选标准，首先要具有可操作性、创新性，短期内可以采纳与推广；其次是具有较强创新性、前瞻性，未来可能采纳。对于具有前瞻性的、具有加大推广价值的建议项目，公司要给予重点的关注与鼓励。最后，对于鲁班奖的公示与激励给予充分的重视，每期的鲁班奖获得者及项目内容都要以公示看板、电子显示屏、喜报等各种方式在工作现场的显著位置进行公示。具体的激励额度与所发放奖品形式，由各级经营单元自行决定并定期调整。

为建立员工的企业归属感、荣誉观，逐步建立长期的职业生涯发展规划，W集团设计了优秀员工评审活动。优秀员工分为月度优秀员工、年度优秀员工，分别给予不同的激励额度与组织荣誉。其评审流程基本相似，都是由下级经营长提报优秀员工名单、材料至上级经营单元，由评委会成员组织评审。评审标准分为基本条件与突出表现两个方面。

基本条件包括：必须是最佳建议奖或鲁班奖获得者；具备较高的职业综合素质，具有较强的事业心、责任感；当期工作任务完成较好，业绩评级B以上，没有发生安全责任事故等。突出表现则根据其在阿米巴经营过程中的特殊贡献情况，如经济贡献大小进行评价。月度优秀员工的激励与公示，由分（子）公司自行决定与实施，年度优秀员工可参加集团年会，并有权参加集团安排的国外旅游度假活动及获得其他物质奖励。

5. 在阿米巴经营的不同实施阶段，针对不同员工、不同的思想状态、不同的需求，要能根据不同的激励重点，使用不同的激励手段。

在W集团的阿米巴方案设计规定，原则上要"充分了解、掌握员工思想动态，不同阶段、不同时期，对不同人员、不同需求，灵活采取不同激励方式、手段，持续有效激励，保持员工激情。运行初期，侧重物质激励，精神激励、物质激励有机结合；运行中、后期，侧重精神方面，要逐步导入正向的经营理念，树立正确的价值观，引导员工的行为"。

例如，我们规定，进行精神激励时要多对员工的发言（行为表现）表示认同、口头表扬、团队嘉许等，避免否定、批评、惩罚等。在月度经营分析会上，积分第一名经营单元被授予"最佳经营金算盘"流动红旗，且会后积分第一名经营单元全体成员、月度最佳建议奖与最佳谏言奖的获得者，共同参加月度宴会团；

相反的，得分倒数第一的经营单元长在月经营分析会上做经营检讨，提交改进计划。这样，就能形成一种有竞争压力局面：胜利的团队（少数人）在举杯庆贺，失败的团队（大多数人）在默默寻找差距，希望下一个月拿到金算盘流动红旗，参加宴会的是自己。

在实施阿米巴经营 6~12 个月之后，这时团队的骨干员工在能力上普遍有所成长，对阿米巴的经营理念有了更加深刻的认识，也有了更高的成就动机和成长需求。为此，我们规定：当期积分第一名经营单元全体成员或当期优秀成员，可在季度举办的分析会后与分公司的领导进行宴会座谈，谈心得、谈感受、谈成长，接受领导的工作指导与鼓励，同时其家属有机会被邀请到公司进行参观，公司领导接待、宴会座谈，由公司报销来往费用。积分倒数第一的，其经营长要做经营检讨、提交改进计划。在年度经营分析会上，优秀的阿米巴经营代表进行专题经营分享；月度优秀员工评选出前三名，授予其为集团公司的年度优秀员工，邀请公司分管领导与其合影留念、颁发证书等；积分第一名经营单元全员可以与集团主要领导合影、颁发荣誉证书、发放礼品及参加宴会团建活动，会后参加为期 10 天以上的欧洲旅游；积分倒数第一的经营单元年度不得调薪，经营长及其他干部年度不得晋升、调薪。

对于有成长需要的骨干员工，我们设计了职业发展与晋升提拔方面的规定。例如：季度得分第一，年度得分前三名的经营长，在公司组织的人才选拔、职位晋升时，同等条件下优先录用；年度得分倒数第一的经营单元长，不得评优或晋升；鼓励月度、年度的优秀员工参加内部招聘、专业技术资格晋升、"三级"部人才培养等，同等条件下，他们会被优先考虑。为进一步激发全员活力，实行双向人才流动激励，根据经营单元实际运行需要，考虑实施各级经营长竞聘上岗。其中二级经营长（经理级）以上干部的竞聘上岗工作，由一级经营长申请报批后，集团公司人行中心组织实施；三级经营长（主任）及以下岗位的竞聘上岗工作，由二级经营长提出，一级经营单元批准并组织实施，结果报集团人行中心备案备查。

集团化企业阿米巴实战案例

第九章　经营长的队伍建设篇

（支持层二要素之一）

1927年，松下电器率先尝试建立事业部，松下幸之助将自己的权力下放给事业部的最高负责人。事业部自己拥有生产、销售、研发等各种权力，作为一个独立的经营体进行独立核算、自负盈亏，事业部负责人对经营成果负责。松下幸之助曾说，这样做是为了"将自己的权力和责任适度地交给部属分担，让部属尽最大能力，求取好成绩"。这是企业经营历史上较早的"分权、授权，自主经营"的成功案例。此后，国内外众多企业以各种形式不断地进行尝试。

改革开放后，中国就有很多类似的经营方式取得了成功。比如，温氏企业强调的各家小客户，带领了56000多家农户作为经营单元，通过价值链闭环的模式形成了巨大的商业成功；海尔集团讲的是人单合一、"自主经营体"，通过人单筹的核算，极大地激励了基层员工的积极性；华为是打"班长的战争"，面向客户的"铁三角"作战单元，让听见炮火声音的人来决策；美的集团讲的是事业部改造。这些企业的实践形式不一样，但是有共同特点，就是在充分授权的条件下，划小核算单元，基层组织实现自主经营,团队自主决策。

阿米巴经营也是源于同样思考的一种企业经营方式,其核心是每个经营单元科学、持续、稳定地运营。要达到这样的目的,在组织运作的层面上来说,企业干部团队的素质和能力是影响成败的核心因素之一。毕竟企业间的竞争本质是人与人之间的竞争,是团队之间的竞争,更是团队领导人之间的竞争。为此,阿米巴经营实践中,经营权力的使用者、经营单元负责人队伍建设就成了一项非常重要的工作。

第一节 建立 W 集团的人才管理体系

在 W 集团,各个经营单元负责人有一个统一的昵称,叫作"经营长"。这些被委以重任的"经营单元"领导人,在"阿米巴经营"的具体运作过程中,承担了越来越重要的角色,承受了越来越大的经营压力。无论是最基层的车间班组级经营长,还是集团各中心部门级的经营长,在集中决策、充分授权、独立核算、自主经营、成果激励的原则下,产生了强烈的经营者意识,真正与企业成了利益共同体、事业共同体,共同承担经营责任。

在经营过程中,经营长的领导力也在不断地提升,他们不仅要设法赢得本经营单元成员的信任和支持,带领成员进行生产、销售、研发、服务等日常运营工作,还要通过经营分析会等形式,对经营成果进行分析,采用提升方案,确保经营单元运营成果持续提升。

为了更好地建设经营人才队伍,实现经营长队伍素质的持续稳定提升,笔者设计与实施的集团经营人才队伍体系,主要包括以下几部分:

1. 识别、发现潜力员工

任何企业经营的成功，都需要一支优秀的干部队伍，干部队伍的发现、培养是很多企业面临的一个现实问题。我们在 W 集团的企业管理实践中发现，在一些经营管理相对成熟大区与分（子）公司中，越是中、高层的经营长，相对越容易发现与识别。通常，企业中这样的管理干部培养、储备的较多，因此在选择经营单元负责人时，竞争比较激烈，企业的选择余地比较大。相反，在一些经营管理水平相对较差或处于发展期的分（子）公司中，在选择中基层经营长，尤其是基层经营长时，遇到一定的困难。主要原因有二：一是阿米巴经营模式的经营哲学、理念在短期内很难被基层员工接受，甚至有人觉得增加了工作量而收入又不一定有增加，因而不愿意干；二是经营长需要具备业务能力、团队管理能力、核算能力、培训能力、强烈的创新能力与学习意识，而具备这些综合素质的基层骨干较少。另外，干部队伍学历普遍偏低，需要有一个逐步培养过程。

基于 W 集团干部队伍的实际情况，我们认为，集团只有在阿米巴经营不断深化推进的同时，逐步完成对经营长队伍的发现、识别、锻炼，才能实现阿米巴经营的持续进行。

为此，**在阿米巴经营模式推行的初期，我们就将中、基层经营单元中潜在人才的发现与识别作为一项重要工作来考察**。在短期内评价各经营单元的成绩时，不是看他们的经营业绩提升了多少，而是提倡"三个达标"，即"数据达标、模板达标、人才达标"。数据达标，是要在核算指导价格、计数计量设备调试、劳动定额修订方面，做到"定价核定准、计量设备准、基准选择准"全达标；模板达标，是要对阿米巴运营模式各个模块的细化操作流程进行系统提炼与固化，形成 SOP 标准化操作推广模板。人才达标，是要发现、识别潜在的经营人才，培养、锻炼现有的经营长队伍，这是 W 集团长期发展的基础，也是各分（子）公司领导当期"三项达标"中最重要的一项工作。

我们规定，W 集团本着"相马也赛马，工作中培养也发现人才"的原则，在经营单元的运营中，要非常关注潜在人才的发现与培养。一般可通过以下方式识别具有领导潜质的员工：

（1）在各种工作会议上积极发言的员工，其意见中肯、有建设性、可操作性与创新性。

（2）工作中主动思考、勤奋肯干，处理问题能力强，完成任务好，具有较强的业务能力的员工。

（3）工作中善于协调沟通，表现出较强的人际沟通能力且同事满意度高的员工。

（4）工作中能积极思考，提出的合理化建议得到公司采纳，并被进行广泛推广的员工。

（5）被评为优秀经营单元成员的员工。

（6）在各种培训会议中认真学习、踊跃参与、成绩突出的员工。

2. 开发、培养经营人才

在阿米巴实践中，我们深刻认识到，经营长队伍的建设对企业未来发展至关重要。为了更好地管理、培养这支队伍，**首先为他们设计好了职业发展方向与提供了职业晋升机会的路径，即职业发展通道体系**。经营长的职业通道主要包括两种，经营管理通道和职业技能通道。"经营管理"和"职业技能"两条通道，是支撑企业发展长青之树的人才主干，是树立企业主流价值导向、凝聚人心、促进事业发展的关键所在。

其次，我们认为对人才培养最好的场所是工作现场。为此，我们制定了详细的经营人才培养计划要求。各业务部门负责人要牵头制定本部门经营人才培养计划，要分阶段、分层次，明确重点、明确拟定培养人员名单；直接上级领导要与潜在经营人才进行单独谈话，提出明确、具体的学习要求。被培养者本人要认真学习别人的成功经验，从中汲取营养，拟定个人学习计划。间接上级领导要给予潜在经营人才更多的亲身指导以及工作实践机会，从实践中总结经验和教训；注意潜在经营人才综合能力的培养，鼓励参加公司组织的各类活动，培养其部门间协调、语言表达等综合素质与能力。通过晨会、周会、经营分析会研讨会召开，锻炼潜在经营人才的领导能力、分析能力，上级领导要定期参加会议评估其能力提升情况。

最后，基于阿米巴经营模式的绩优素质能力要求开发领导力模型，并据此制定经营长能力开发计划，由 W 集团大学组织实施与评估。这部分在能力开发篇中另做详细介绍。

3. 经营长的竞聘上岗

在集团阿米巴经营模式的具体运作中，我们将调动员工的参与意识、自动自发参与经营，作为日常运营的主要工作之一，最终形成各经营单元的自主经营。有目的地培养员工的参与意识，从我们设计经营单元如何运作时，就已经开始了，并且体现在运营体系的各个环节中。例如，我们设计了经营长竞聘上岗机制，这不仅增加了员工的参与意识，也增加了干部岗位竞争的激励效应。

我们规定，经营长的产生采取单位推荐与竞争上岗相结合的方式。经营长必须通过竞聘后才能上岗，评审主体由利益相关部门、部门员工、上级部门与人力资源部门共同组成。经营中，如因经营长自身原因导致经营工作严重滞后、经营成果没有明显提升或有 70% 以上成员达成一致意见的，可中途申请更换经营长。

在现有组织结构的基础上，经营单元成员的来源，采取经营长直接聘任和员工自荐相结合的方式。成员因工作能力、态度等因素不能满足工作要求时，经营长可将其退出经营单元，由人力资源部门待岗培训。

同时，要求具有一定规模的经营单元，必须培养一定数量的有潜力的经营长人选作为"后备力量"。这加强了经营长岗位的竞争激烈程度，进一步激励了团队的士气。

4. 人才体系建设"四个做到"

"十年树木，百年树人"。在阿米巴经营中，人才建设更是一个长期过程，需要几年、十几年，甚至更长时期的培养建设与持续投入。在W集团阿米巴经营初期，我们经常出现如下问题：只有在岗位出现缺口而无其他人可用时，才开始进行应急性的人才招聘，而应聘者往往层次较低，导致招聘到的人员是仅仅能够满足当期工作岗位基本需要的人才，没有按照"能够满足企业战略发展、经营模式创新需要"来选拔人才；同时，企业没有内部关键岗位、核心技术人才、管理型人才的提前选拔、储备、培养，即使有，也仅仅只有少数部门、少数人才的培养，而没有全序列、各层次的人才培养。

为了解决W集团的人才荒、干部荒（合格的），我们制定了经营长人才体系建设的"四个必须做到"：一是集团人才体系建设必须与企业发展战略和人才规划保持一致，与企业的人力资源策略密切结合，做到能够满足阿米巴经营人才需求。二是集团经营人才队伍建设需要根据各级经营长岗位的重要性与稀缺性，做到分级培养与分级管理，有序发展。三是人才梯队建设过程中要注意发现潜在的优秀经营长人选，并在工作实践中培养大批经营长，形成继任者的人才蓄水池，为实现企业的长期愿景和战略目标提供坚实的人才保障。四是人才梯队要做到定期进行人才评估、淘汰，并引进新成员，保证人才库动态发展。

第二节　经营长的竞聘上岗机制

1. 竞聘上岗

竞聘上岗是很多企业选拔干部的重要方式之一。这一机制让每名员工都有机会更上一层楼。企业组织评审人员按照德、能、勤、技、廉等维度或岗位职责具体要求，经过一系列测试，实现对候选人的全面衡量选拔。

"竞聘"上岗，是参与"竞争"的员工个人行为。它所体现的是企业中"能者上、庸者下"的用人原则，通过竞争机制的实施，充分调动广大干部职工的积极性和创造性，大幅度提高全员劳动生产率。

实施"聘任"，则是企业的组织行为，它所体现的是组织对有领导潜力的候选干部的合理使用。甚至在一定意义上讲，聘任什么样的干部比竞争上岗更为重要，竞争只是形式、手段，聘任谁、聘任什么职务才是企业最终希望达到的结果。

在设计 W 集团经营长的选拔机制过程中，我们认为，企业不仅要引入竞争意识和激发员工的积极性，更要给企业员工提供一个内部晋升的机会、成长的希望。通过公开竞聘的方式，从一组人群中挑出最适合、最匹配的人，成为经营长这一岗位"最适合的担任者"，使"职得其才、才得其用、能岗匹配、效益最佳"。这能为阿米巴经营模式的导入和企业的可持续发展注入更强的生机和活力。为此，我们认为竞聘上岗这种机制的导入有利于阿米巴经营落地。当然，在具体设计时，还需要回答好其他具体问题。

2. 目的目标

笔者认为，实行经营长竞聘上岗的目的是："**短期内满足阿米**

巴实施对经营人才需要，长期是为了提高企业的核心竞争力"。提高企业竞争力的核心在于提高产品和服务的竞争力，而提高产品和服务竞争力的核心是提高员工的素质能力。因此，实施竞聘上岗的意义在于"**通过内部岗位竞争持续提高干部队伍的整体素质，以高素质的干部队伍建设促进企业核心竞争力提升，达成企业的战略发展目标**"。实施竞聘上岗有以下几个需要强调的关键点：

（1）竞聘上岗要求体现"一视同仁"原则。在某具体岗位竞聘时，全体人员不论职务高低、贡献大小，站在同一起跑线上，重新接受企业的挑选和任用。

（2）竞聘上岗要打破"论资排辈"的落后体制。干部岗位人员的任用，评价标准不仅看历史业绩，还要看现实能力与岗位职责要求匹配程度，更要看未来的发展潜力。

（3）竞聘上岗要突出企业"相马也要赛马"的选才方式。不拒绝上级领导推荐候选人，但要关注竞聘答辩过程的表现，让员工在短时间内高强度地展示自己的综合素质和领导能力；更看重上岗后的业绩结果，要真正评选出那些"想干事、能干事、干成事、不出事"人，经过火线淬炼，让他们百炼成钢、脱颖而出、担当大任。

（4）竞聘上岗要是基于企业价值观基础上的"有序竞争"，即在规范、公正的机制下进行的有益竞争，不能出现违背企业价值观的竞争行为。

（5）竞聘上岗要能够强化干部队伍的"危机感、责任感"，使其在看到危机和不足的同时，鼓足勇气、增强信心、努力学习、持续成长，而不是受到打击、退缩不前。

（6）竞聘上岗要能真正体现"能上能下、优胜劣汰"的市场规律，实现"干部能上能下、员工能进能出"目的，能鼓励员工不断创新、自我提升，最终使企业全体员工的素质上升一个台阶，企业的人力资本得以持续增值。

3. 推行方式

我们在推行竞聘上岗机制时，考虑到企业实际情况，采取了系统设计、逐步实施的方式：

首先，在实验阶段进行尝试性竞聘上岗。在实行阿米巴经营模式部门中的部分经营单元，拿出非核心管理岗位、中基层以下的空缺岗位与新增岗位实施竞聘上岗，使广大员工逐步了解竞聘上岗这一新生事物，同时总结试验经验，完善岗位竞聘制度。

其次，在推广阶段进行选择性竞聘上岗。在运行阿米巴经营模式部门的全部经营单元中，拿出部分核心岗位实施竞聘上岗，做出一些精品标杆案例，同时固化实验阶段的成果，为全面复制奠定基础。

最后，在全面复制阶段进行全员竞聘上岗。将整个集团的全部经营单元中的全部岗位实施竞聘上岗，任期一到、全部卸任，再重新公开竞聘。

4. 基本原则

从竞聘上岗要达成的重点目标出发，结合W集团的现实情况，在推行竞聘上岗管理机制过程中，我们规定了以下原则：

（1）竞争、择优原则。

竞争即通过个人自荐与部门推荐、资格评定、综合能力评定、竞聘答辩等过程，确定岗位人选。择优是竞聘过程中要深入了解、全面考评、认真比较、谨慎筛选、择优录用，确保候选人与拟聘任岗位的匹配程度最佳。

（2）能上、能下原则。

毫无疑问，实施内部竞聘上岗管理制度，有人会从管理岗位上下来，有的人可能会承担更重大的责任，有人升级，有人降级，有人待岗……为了企业的发展，所有的人做好思想准备：既能上，又能下。

（3）公开、全面原则。

向全体员工公开有关经营长的竞聘岗位、任职资格、岗位数量及竞聘的内容、流程，对竞聘者的德、能、勤、技、廉等维度进行全面考核。

（4）以能力为主、经验为辅原则。

阿米巴经营是一种全新的经营模式，对候选人的能力特质与以往工作要求区别较大。参加内部竞聘上岗的员工，将以实际工作能力、未来的工作潜力等作为主要录用标准，资历和经验作为辅助参考因素。因为在于企业发展更看重一个人未来的发展潜力，但不意味着经验就不重要。

（5）客观测验与主观判断相结合原则。

在使用人才测评技术对人才能力进行客观测评基础上，参照过去的工作业绩、现场竞聘答辩等主观判断，做出录用和聘用决策，重视测评分数，但不唯分数。

（6）知识化、专业化原则。

内部竞聘候选人资格选拔中，尽可能要求知识化、专业化，这不仅是提高企业市场竞争力的客观要求，也是企业生存发展的主观需要。

（7）推行试点、逐步实施原则。

首先在运行阿米巴经营模式的部门中试点实施，总结经验提炼模式。待员工逐渐接受了这种新的用人机制后，再考虑推广到所有经营长的岗位。

5. 操作流程

"竞聘上岗"需要遵循一定的操作流程，主要包括制定方案、宣传动员和组织实施、结果公示等，如图9-1所示。

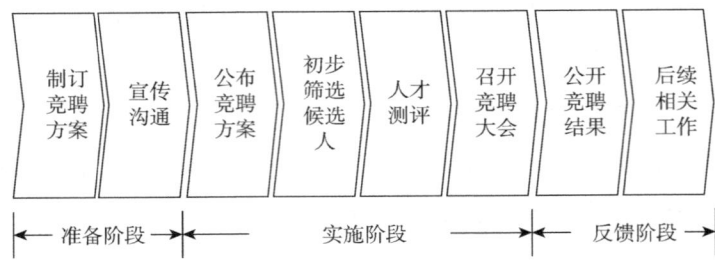

图 9－1 "竞聘上岗"操作流程

笔者在企业内部操作时,一般按照以下顺序进行:

(1) 制订竞聘方案。

要根据企业的战略目标和发展规划及阿米巴经营模式对企业各经营单元的组织结构与人力资源政策影响等因素,对岗位竞聘方案的制定进行系统思考。

W集团企业内部成立了由人力资源部门牵头成立"竞聘领导小组",领导小组负责全面统筹管理企业内部的岗位竞聘工作。"竞聘领导小组"下设"竞聘工作小组",负责制订具体实施竞聘工作。

在制定企业内部竞聘的具体方案时,要做到对需要竞聘的岗位心中有数、有条不紊地逐步推进。首先,需要确定哪些职位需要实行竞聘上岗。此时需要明确企业中需要哪些类型、职级的经营长职位,对于企业而言哪些职位是重要的,哪些是次要的,即对企业所需的职位进行价值排序确定核心职位。其次,除了需要确定具体岗位,还需要对岗位进行工作分析,尽可能多地收集与此岗位工作职责和任职要求相关的资料,制定竞聘岗位的岗位说明书与任职资格要求。最后,根据岗位任职资格要求,从德、能、勤、技、廉等维度进行笔试、面试、人才测评、民主评议等一系列测试设计,实现全面衡量候选人。

(2) 宣传沟通。

在公布竞聘方案和具体实施竞聘过程之前，需要在整个企业范围内，对内部竞聘的背景、意义、必要性和可行性进行宣传和讲解，增加员工对企业发展的危机意识和紧迫感，认识到改革干部任用机制的必要性。"竞聘工作小组"负责通过 OA 系统、会议系统、公告看板等方式，广泛宣传并动员符合条件的人选参加竞聘。通常，对于变革，企业员工多少都会有一种抵触心理，尤其是既得利益者。针对员工的各种抵触反应，宣传沟通的重点应是：

要会给员工传递压力。分析企业外部市场的竞争残酷性与生产经营的企业现状，阐明阿米巴经营推行必要性与迫切性，因为这关乎企业的现阶段生存及长期发展，从而让员工有紧迫感，员工的危机意识增强。

要能给员工激发动力。通过描绘企业阿米巴经营的未来蓝图，激发员工的上进心和拼搏意识；公布竞聘的职位、竞聘评委小组的成员构成及每个竞聘人员的简介，让员工相信竞聘的公正性，相信确是基于能力的竞争。

要能给员工说清楚业绩标准。面向企业全体员工明确公布竞聘者需要具备的资历、知识、技能，以及竞聘成功后需要达到的最低绩效目标，达到标准后竞聘岗位的薪酬、绩效考核政策等，使员工明确个人通过何种努力、达到何种业绩、获得何种收获。如果未能达到目标，则要立即下岗。

（3）公布竞聘方案。

人力资源部门负责制定完整的竞聘方案，内容必须包括：各经营单元的组织结构；本次岗位竞聘的背景和目标；竞聘岗位说明书、任职资格标准、绩效考核指标、薪酬状况、职业发展前景、人员需求数量等；竞聘领导小组和评委小组人员构成；竞聘评估方案等。

最后由"竞聘工作小组"负责审核并组织公布竞聘方案。

（4）竞聘人员初筛。

在人力资源部门配合下，"竞聘工作小组"要根据竞聘报名条件和资格要求对候选人进行初审，筛选时要注意以下几点：

第一，对"申请池"进行初步筛选时，重点关注申报材料的有效性和合规性，将不符合选拔标准的申请人筛选出来，并剔除明显不符合要求的，使"申请池"变小，不过一个岗位不能只有一两个人申请，一般不应低于3人。

第二，"申请池"太大也不好，应聘者会觉得希望过于渺茫，造成参与的积极性不高，也使竞聘成本变高。同时，为了避免一人多聘的情况，应规定每位竞聘者最多只能同时应聘两个经营长职位。

第三，通常"申请池"的大小与竞聘条件有关。一旦出现"申请池"太小，可考虑放宽竞聘条件或放弃该经营长岗位的竞聘，待条件成熟时再竞聘。

第四，对竞聘者的背景，包括对应聘者以往的工作业绩、实际的工作能力等，进行初步分析审查筛选，结果按1比3确定竞聘候选人并进行公示（如表9-1所示）。"竞聘者名单"一定要有至少3~5个工作日的公示时间，广泛征求意见，避免候选人员职业道德瑕疵。

第五，经过初筛和公示后，竞聘工作小组要汇总竞聘者信息，同时向竞聘者发出书面通知，告之具体竞聘活动安排和日程。

表9-1 竞聘者公示表

序号	姓名	应聘岗位	目前所在岗位	年龄	工龄	学历	备考

(5) 人才综合素质测评。

竞聘上岗与传统人员选用方式最大的差别，在于这种方式更注重岗位任职资格要求与竞聘者素质之间的匹配程度。而匹配与否、匹配程度的大小并非以简单的主观方式认定，是通过一系列人才测评方法科学、客观地对人员进行评价和筛选。

在 W 集团，我们一般根据岗位特点，采用笔试、面试、人才测评、民主评议等几种方式组合，对候选人进行综合测试。知识考察的方式主要是笔试，考察内容涉及相关专业知识与管理知识等。不过单一的知识考察有其局限性，在现实工作中，"知道如何做"和"实际做得如何"往往不一致，所以还需要面试等方式。面试是结构化的，又称结构化行为事件面谈，其与普通访谈存在一定差异，通常以结构化的提问方式及标准化的记录与评价方法，评价被评价者素质。结构化面试重点是测评团队意识、沟通能力、影响力、适应能力等。人才测评的方法主要采用心理测验、无领导小组讨论等形式进行。

参加竞聘的员工只有通过了第一阶段的测试，才有可能进入下一阶段。第一阶段测试的主要方式包括笔试、人才测评与民主评议等，具体人员筛选标准可以根据实际需要来定。如果报名竞聘的人数不是很多，也可以适当放宽，只要符合要求，所有人员都可以进入第二阶段。相反，如果报名竞聘的人数过多，可以根据考试成绩、测评得分采用排序方式，只允许名次靠前的人员进入下一阶段。第二阶段测试的主要方式一般为结构化面谈，需要竞聘工作小组对候选人进行逐个面试，最终选出 2~3 名最佳候选人，参加竞聘大会。

(6) 召开竞聘大会。

竞聘工作小组负责组织在公司范围内公开举行竞聘大会，按照竞聘岗位级别的高低，评委小组通常由集团公司高层领导或分

(子）公司领导、职能中心领导及各级别管理专家组成，同时可邀请工会代表、党委等部门对竞聘答辩的全过程进行监督。在竞聘大会上，参加竞聘的候选人需要当众发表竞聘演说，并对相关任职计划、管理问题、专业问题等进行答辩。公司人力资源部门通常要求竞聘岗位所属经营单元的全体员工必须参加，相关经营单元的各级员工可自愿参加竞聘大会。竞聘大会一般分为以下四个步骤：

第一步，竞聘演说。候选人根据竞选模板编制竞选报告，进行不低于25分钟的竞选演说。演说内容主要包括自我介绍、个人优劣势分析、岗位的认知、任职工作计划、阶段性成果承诺等。

第二步，现场答辩。由公司领导及专家组成的评委小组，对候选人进行40分钟左右的现场评审。这个环节往往是竞聘会最重要、也最具激励性的部分，评委往往会根据候选人的演说内容、工作实际情况、任职工作计划、阶段性成果承诺等方面进行尖锐的提问，通过紧张的现场答辩考察候选人的管理能力、应变能力、沟通能力等综合能力。

第三步，当场评分。为了确保竞选活动的公平、公正、公开，在某岗位的所有候选人答辩完成后，要求各位评委当场根据《岗位说明书》、任职资格要求和现场答辩等情况，对每一位候选人进行评分。

第四步，公布得分。"竞聘工作小组"按照竞聘方案，在竞聘大会现场收集经营长的竞聘申请、竞聘报告、评分表，汇总最终得分，并分数当场公布。

（7）公示竞聘结果，经营长试用。

评审结束后，"竞聘工作小组"将竞聘结果报上级领导审核，审批通过后，将竞聘结果在公司范围内公示。公示期间，公司员工可对拟任用人员名单的任职资历、职业道德等方面提出异议。

异议期届满后，确定拟聘任最终名单，再由人力资源部行文发布正式任命书及期限。

对于新聘任的经营长而言，经过了竞聘结果公示，组织任命发文，不意味着竞聘过程完全结束。在 W 集团，为了确保竞聘结果的有效性，我们规定，企业要与竞聘者签订试用合同，期限为 3~6 个月，同时要约定详细的试用期考核指标，至少应包括以下三部分内容：可量化业绩指标权重 70%；工作能力评价权重 20%，由直接上级打分；民主测评权重 10%，由同级相关部门打分。试用结束后，人力资源部门负责组织对竞聘上岗者进行试用期综合绩效考核，考核合格者继续在岗，签订正式聘用合同。考核不合格者，退回原单位。

在具体实施中，我们需要重点关注经营长选拔过程的公正性，以避免不公正的选拔在广大员工心中所造成的不满情绪。为了进一步提高企业"竞聘上岗"的科学性和有效性，我们需要注意做好以下几个方面工作：

首先，原则上对企业全部经营长岗位都施行竞聘上岗，避免出现内定岗位、空降岗位、不公开岗位等情况。

其次，测评中要综合采取笔试、面试、民主评议等形式，对于行为标准不符合 W 集团企业价值观或民主评议成绩不合格者，坚决不予录用。

最后，按照 W 集团经营长的素质模型标准进行人才评价，逐步引进评价中心技术，逐步提升人才评价的准确性和科学性。

6. 基层经营长竞聘案例

企业建立经营长的竞聘机制之后，要确定具体的竞聘上岗方案，让最合适的人从事最合适的工作，进而逐步提升经营单元的工作效率和企业经济效益。随着竞争机制的不断深化，员工的竞争意识和危机意识获得持续增强，逐步形成"岗位靠竞争、收入靠贡献"的观念，建立起爱岗敬业，努力学习业务知识，增强业务技能的学习氛围。

在具体设计竞聘方案时，根据竞聘的目的、重要程度、岗位级别、数量多少的不同，方案的复杂程度有所不同。实践中，可参看上文提到的操作流程的基本思想，制定简单易行的实施方案。下面是 W 集团基层经营单元的经营长竞聘方案示例。

××分公司灌装车间基层经营长竞聘方案

为了进一步推进集团阿米巴经营工作，通过适度的岗位竞争提升工作活力、工作效率，在企业员工中逐步形成"岗位靠竞争、收入靠贡献"的观念，特制定本方案。

一、竞聘岗位：

灌装车间全部经营单元长岗位，总计 14 个。

二、竞聘范围：分公司制造部全体员工。

三、竞聘时间：每季度一次（本次 12 月份进行）

四、竞聘条件：

1. 年龄 35 周岁及以下，初中及以上文化，男女不限。

2. 具有较强责任心，思想积极、工作勤奋、工作业绩 B 级以上。

3. 高度认同集团阿米巴经营哲学，忠诚企业、不撒谎、守诚信。

4. 善于学习、肯于钻研，具有良好的沟通协调能力。

五、组织分工

为更好地组织实施岗位竞聘，人力资源部门负责本次竞聘工作的方案指导、实施监督、竞聘成果及激励待遇的审批；灌装车间负责制订具体的竞聘方案、实施细则，并组织实施。

第三节　经营长的梯队建设

1. 梯队建设

经营长竞聘上岗工作，极大地调动了集团广大干部员工的工作积极性，但是这只是人才队伍建设的开始。我们更需要建立一个层次清晰、发展方向明确的人才储备机制，为公司发展持续、稳定地提供人力资源支持，满足集团阿米巴经营对经营长人才的需求。

为此，我们设计了一套关于经营长梯队建设的动态与例行化运作的人才考察、选拔、培养、淘汰、使用的机制。梯队建设机制，简单讲就是通过结构化的流程来评估、培训、发展有潜力的管理人员，使其获得当前与未来工作中所需的管理能力，确保W企业随时储备一支优秀的管理人员队伍，以满足企业阿米巴经营发展需要。

很多成功企业之所以在市场竞争中遥遥领先于竞争对手，其梯队计划扮演了非常重要的角色。它帮助企业进行人才培养，为组织源源不断地输送人才。在美国，50%～70%的高层管理人员的更替来自组织内部。自20世纪60年代以来，IBM就实施了管理者继承计划，其目的是"保证高层管理者的素质，为公司遍布世界的所有管理岗位做好人才准备"。

人才培养是GE的长项之一，达85%的管理人员都是内部提拔的。同时，每年也会对公司的高层管理人员做一次鉴定，分析其今后5年内的升迁、接替问题。GE电气家用电器部门总裁拉里·约翰逊于2001年宣布自己将离开GE，前往阿尔伯森担任CEO的时候，公司当天就宣布了他的继任者人选，并于同一天宣布了该部门各级人员的相应调动情况。

W集团的人才梯队建设管理体系包括：梯队人才池建设、人才选拔、人才培养、人才评估、发展激励等五个部分。这五个组成部分以人才池为中心，其他四个组成部分围绕其开展具体运作。"梯队人才池"就像一个鱼塘，"人才选拔"就是选鱼苗入池，"人才培养"就像日常喂鱼，"人才评估"就像从鱼塘中捞鱼，而"发展激励"主要是对鱼塘负责人的激励。

2. 常见误区

在W集团的企业实践中，在进行阿米巴经营之前，很多下属分（子）公司曾经也都进行过人才梯队建设，但或多或少的都出现了一些误区，主要表现在以下几方面：

（1）为了人才建设而建设，梯队建设结构不合理。

主要表现是，没有按照集团战略规划及人才需求结构进行人才发展通道和各类人才池设计，也没有按照各岗位层级分别设计储备、培养计划。结果，分（子）公司层面干部队伍建设虽成体系，但因评价标准不统一，在集团层面上各公司之间的干部蓄水池互相之间不兼容，使得集团长远发展最需要的人才团队反而没有培养计划。

（2）入池标准不明确，后备人才选择较多。

鉴于分公司人力资源管理水平良莠不齐，实践中往往有个别公司使用一些模糊性、概念性的词汇作为后备人才的评价标准。如：在公司工作半年以上；具有大学本科以上学历，如比较优秀可以放宽至大专学历；年度绩效考核综合评价优异的；有较强的事业心和责任感，团队意识强；有一定的管理能力，业务水平高等……这样不仅难以操作，而且培养计划制定没有针对性，非常不利于选出合格的人才。另外，按照这样的标准选择潜在经营长时，符合条件的人才过多，而这会大幅增加了培养成本。

（3）看起来培养了很多后备人才，但企业出现岗位空缺时，发现可用的寥寥无几。

很多分（子）公司的梯队建设是作为一种培训项目开展的，而没有按照集团、分、子公司未来需要的岗位素质能力要求进行系统的分析，并在分析结果基础上设定多种维度的评估、多种方式的培养方案。这种项目式的干部培养，结果往往是花费了大量的精力、金钱，培养很多人，但适合岗位需要的不多，尤其是针对W集团的经营长梯队建设。阿米巴运营所需要的能力、素质要求与已往对干部队伍的要求差别较大，需要更有针对性的培养、评价计划。为此，更加需要一套基于岗位任职能力的系统化、针对性强的干部培训方案。

（4）人才入库培养多年，迟迟没有晋升机会。

W集团是一家跨多种行业的产业集团，旗下很多分（子）公司是从老国企改制而来的。经过多年的发展，虽然业务范围相对稳定，但由于没有太多的新业务拓展，中高层干部基本不流失，导致没有太多的晋升岗位出现，很多储备人才几年下来一直处于被储备状态，影响了他们的工作积极性。

（5）特殊岗位"太子"式"一对一"后备计划。

由于受到了一些旧有的机制、体制影响，W集团有些分（子）公司在为一些高层岗位、特殊岗位储备接班人时，往往确定一到两个"太子"为接班人，变成一种"人盯人的储备计划"，即下面的人等待上面的人早日升迁，以盼早日晋升，而往往"太子"迟迟得不到提拔，很容易认为是上级在打压。同时，"太子"被定为后备人才的消息公布后，其他人员就会感觉丧失了发展机会，失去了工作动力，甚至消极怠工。

3. 建设原则

为了建立一支适合 W 集团的经营长梯队，综合考虑企业实际情况和梯队建设常见误区，我们确立了经营长梯队建设原则，以培养稳定可靠的后备梯队。

原则一：基于集团组织关键能力，选择关键岗位建立人才梯队。

首先基于集团业务状况、企业战略发展需要、相应的业务策略以及阿米巴经营模式与人力资源策略等，明确组织需具备的关键能力，据此来确定对应的关键岗位。实践中，可以按照关键岗位群的方式来储备人才，应避免仅仅为某个具体的岗位指定储备人才。也就是说，在公司内部的主要管理体系里面，从每一个体系选出不多的岗位组成一个岗位群，进行人才储备。

原则二：专注于经营长队伍的领导力提升。

集团的梯队建设体系必须是一个以领导力发展为导向的体系，而不是一份高潜质人员的名单。基于胜任素质来确定关键岗位的关键能力要求，而岗位关键能力又是领导力发展、提升的依据。同时，拟定培训计划时，不仅要提供课堂培训，还要通过岗位轮换、导师制等多种形式在实战中提升经营长的领导能力。

原则三：公开选拔。

通过选拔标准公开、选拔过程公开、评价结果公开、使用方式公开等，实现公开选拔、公平使用。除非特殊要求的、敏感性的关键岗位人才选拔，都应该采用公开选择原则。

原则四：定期评价。

梯队建设过程中，要定期了解梯队人才是否正在以预期的速度提升能力，能否在合适的时间胜任合适的岗位。人力资源管理部门通过制定评价方案，评价梯队人才的学习与成长情况，根据各项考核指标的得分情况，衡量梯队人才是否达到了继任岗位的工作要求。

原则五：优胜劣汰。

梯队人才池一定要是个活水池，才能有生机活力。人力资源管理部门对资源池要进行动态管理，结合考核情况，定期进行调整，以及淘汰不合格候选人。

原则六：内部培养为主，外部引进为辅。

"内部培养为主"能够给员工更多的职业发展机会，职位提升本身就是一种有效激励措施。原则上，W集团只考虑从外部引进那些培养周期较长、战略性储备岗位。

4. 人才池建设

人才池建设是人才梯队建设的开始。要综合考虑企业梯队建设所要达到的目的、梯队建设原则等因素，对人才池进行具体设计。

在W集团，为了达成公司的梯队建设目标是：培养一批想干事、能干事、干成事的具有"奋斗精神"的储备人才，确保公司管理人才和营销人才的供给。根据此目标，结合梯队建设原则，我们分别建立了职能管理类经营长、营销管理类经营长的人才储备梯队。

职能管理类经营长储备梯队：

科员→骨干→副科长→科长→中层管理者→高层管理者

营销管理类经营长储备梯队：

营销员→骨干营销员→主任级经理→科级经理→中层经理→高层经理

在储备人才梯队划分基础上，为了达到公司设定的"低级别为高级别提供储备人才的梯队建设目的"，我们分别建立了"雏鹰""显鹰"和"雄鹰"三级储备人才库。"雏鹰"人才库主要储备基层后备人才,"显鹰"人才库主要储备中层后备人才,"雄鹰"人才库主要储备高层后备人才。

5. 人才选拔

储备梯队人才数量过多或过少,都会影响后续的梯队建设质量。首先,在人才选拔时我们限定了三类人才池的人才比例。在职能管理类、营销管理类经营长的储备梯队中,"雏鹰"储备人才池中的人数不超过现有中层干部人数的 40% 比例;"显鹰"不超过现有中层干部人数的 20% 比例;"雄鹰"不超过现有高层领导人数的 10% 比例进行选拔。

其次,明确进入人才池的选拔条件。例如,在 W 集团我们采取了这样的规定:

(1)"雏鹰"储备人才。

年龄要求:年龄在 30 周岁及以下。

资历要求:全日制本科学历、本公司 3 年以上工作经验;研究生学历、本公司 2 年及以上工作经验。

绩效要求:上一年度绩效考核 A 级次数累计三次及以上,且 C 级次数为零。特别招聘人员可列入雏鹰储备人才库。

(2)"显鹰"储备人才。

年龄要求:年龄在 35 周岁及以下。

资历要求:本科及以上学历、本公司 8 级岗位 5 年及以上工作经验。

绩效要求:上一年度绩效考核 A 级次数累计三次及以上,且 C 级次数为零。选拔年度前 3 年内,至少获得公司 1 次优秀员工。特别优秀的人员,报经集团领导批准可适当放宽条件。

(3)"雄鹰"储备人才。

年龄要求:年龄原则上 40 周岁及以下。

资历要求：本科及以上学历、本公司中层 8 年及以上工作经验。

绩效要求：上一年度绩效考核 A 级次数累计三次及以上，且 C 级次数为零。本年度民主考核及评议优秀，且年度工作达成获得集团分管领导认可。特别优秀的人员，报集团董事会批准可适当放宽条件。

第三，人才选拔。

候选人要经过报名、资格审核、评审考核、综合排名、公示审批等过程，才能最终确定成为进入人才库的储备人选。实践中，我们的选拔与评审过程参照了竞聘上岗的相关内容。评审时，针对每个岗位胜任素质所要求的关键能力进行了重点考核，如：沟通能力、分析判断能力、计划组织能力、管理控制能力、应变能力、执行力、创新能力、领导能力、人际关系能力、团队合作能力、承受压力的能力，等等。

"雏鹰"储备人才每年集中组织选拔一次，"显鹰""雄鹰"储备人才原则上每 2 年集中组织选拔一次。特殊情况下，"显鹰""雄鹰"储备人才每年度可经集团董事会审批后酌情进行增补选拔。

6. 人才培养

在 W 集团的人才培养过程中，我们按照"直接上级帮带、隔级领导关注、人力资源部门辅导的'三结合'培养原则"，由储备人才的直接上级作为教练，隔级上级作为导师，人力资源部门人员担任辅导员，保证每名储备人才都有一个培养小组对其进行系统的培养。

直接上级作为教练，主要培养形式是日常工作中的传、帮、带，制定详细且切实可行的业务能力提升培养方案，对培养对象进行针对性的指导。每月度进行一次业务能力提升情况的总结，并反馈给辅导员。

隔级上级作为导师，主要从管理能力、营销能力等方面对培养对象进行指导，保证每月度与培养对象进行一次沟通，总结其当期能力提升进步情况，指出不足与下一阶段的提升方向。

人力资源部门作为辅导员，承担了储备人才在培养期的辅导与成长咨询工作，他们跟踪和记录整个培养过程，并从职业发展、生涯规划的角度给予培养对象反馈和指导。原则上，"雄鹰"储备人才由集团人行中心领导为辅导员，"雏鹰"和"显鹰"储备人才分别由各分（子）公司、各大区的 HRBP 为辅导员。

在具体的储备人才培养计划上，我们采取了"TACT"的培养方式，具体可分为教育培训（Training）、个人提高（Self–Arise）、导师辅导（Coaching）、实践学习（Taskassignment）四个方面。根据各人才池岗位胜任素质模型的要求，每年由集团人行中心组织编制年度人才培养计划。"雏鹰"库储备人才的培养周期为1~2年，"显鹰"库储备人才培养周期为2~3年，"雄鹰"库储备人才培养周期为3~5年。具体如表9-2所示。

表9-2 "TACT"的培养计划

培养类别	培养方式	学习方式	考核方式	说明
教育培训	课堂培训	公司安排	《培训总结表》、转训次数及质量考核	运用内外部资源进行管理知识、技能类相关课程的集中学习与研修
	学历提升课程研修	个人选择	提交毕业证/结业证	个人申请参加公司外的培训学习活动，包括各种学历提升和课程研修班外部专业机构组织的公开课、论坛、交流会等
	外部考察	公司安排	提交考察报告、转训次数及质量考核	根据工作需要，被培养人被委托到异地参加相关的考察、参观、培训、交流等。以此增强对标杆企业的学习、增长职员见识，促进各项创新实践在公司的落地

续表

培养类别	培养方式	学习方式	考核方式	说明
个人提高	书籍阅读	个人选择	提交读书心得	通过阅读各类对岗位有帮助的优秀书籍，获取各方面知识、技能及素养的提升
	资格认证	个人选择	提交资格证书	通过参加各部门或协会举办的职称/职业资格培训和考试，取得相应资格认证
导师辅导	"一带一"导师辅导	公司安排个人选择	提交导师辅导记录	"一带一"，即每名部长至少帮扶一名储备人才，同时，另一方面每一名员工确保有一名上级作为其职业辅导人
	高层示范	公司安排	提交谈话心得	与公司高层管理者接触，定期进行职业谈话
行动学习	见习培养	公司安排	提交报告、心得、案例或考核表	可以作为上级助理的形式见习，可以参与各类会议、决策、项目等
	离岗测试	公司安排		通过将被培养者的直接上级抽调进行公司专业课题的研究或担任其他职务，而由被培养者全权代理上级职务。通过对被培养者代理期间的工作的考核，提前发现在管理过程中哑待提升的方面，以便提前规避，防止未来晋升后的不胜任
	跨专业实践	公司安排		在公司允许的前提下，且本岗位工作熟练的基础上，可以采取跨部门跨专业工作实践锻炼
行动学习	工作历练	公司安排		主要是让后备梯队人员主导相关工作项目，通过实际工作历练，促进理论与实践相互结合，同时通过发表工作实践案例检验其学习成果

7. 人才评估

在 W 集团的储备人才评估时，不仅要对其年度业绩进行评价，更要评估他们是否具备继任岗位所需要的各项胜任素质要求。通过对其岗位专业能力、管理能力和价值观导向等维度的测试，不仅可以掌握他们在目前职位上的能力素质达成情况，还可以了解他们目前能力素质水平与未来职位的能力素质要求之间的差异。同时，在具体评估时，要注意避免产生各种技术性差错。对此，我们有如下规定：

・各梯队储备人才的考评主要是参照公司"业绩考评办法""TACT 培养计划"进行综合评定。其中"TACT 培养计划"的编制依据为该人才库的岗位胜任能力要求。

・梯队人才考核周期，分为培养中期考核与培养结束考核。

・在评估之前，先不对被评估人给出总体分数，而是逐项按照评估表上的内容来思考和填写。

・评分并不是最重要的，但"事例说明/评议"却非常重要；需要实事求是地记录被评估人的所作所为。

・对候选人的评估分两次进行，先是由指定的导师初评，后交由评估委员会集中讨论。

・评估结果需要与被评估人进行面对面的正式沟通，重点要明确被评估人的未来能力提升方向。

・被评估人需要根据评估结果，拟定下一周期的能力提升计划。

・教练和导师每年考核一次，主要考评他们对梯队人才培养工作的实施情况，如培养方案的制定与落实、培养对象能力和绩效提升情况等。

8. 发展激励

企业的人才池建设应该是一个动态的、循环提升的系统。对考评结果的使用是保证人才池动态循环的重要方式，对优秀人才的提升使用则是对人才成长的最好激励。为此，在 W 集团我们采取了这样的规定：

・各级梯队人才培养过程考评的评价结果，分优秀、良好、一般三个等级。考评结果为优秀的，继续培养；良好的，进行组织谈话，查找原因，继续保留储备资格；一般的，终止培养，予以淘汰。

- 各级梯队人才培养周期结束后，综合考评结果分为 A、B、C 三个等级。"雏鹰"储备人才综合考评成绩为 A 的，可被评定为上一岗级，优秀人员的比例不超过考评对象人数的 20%；综合考评成绩为 B 的，进行组织谈话，查找原因，继续保留储备资格；综合考评结果为 C 的，取消其后备人才资格，退出后备人才培养计划。

- "显鹰"储备人才综合成绩为 A 的，具备晋升潜力，在有晋升机会时择优聘用；综合考评成绩为 B 的，进行组织谈话，查找原因，继续保留储备资格；综合考评结果为 C 的，取消其后备人才资格，退出后备人才培养计划。

- "雄鹰"储备人才综合成绩为 A 的，具备晋升潜力，在有晋升机会时择优聘用；综合考评成绩为 B 的，进行组织谈话，查找原因，继续保留储备资格，连续两个周期为 B 的，取消其后备人才资格，退出后备人才培养计划；综合考评结果为 C 的，取消其后备人才资格，退出后备人才培养计划。

集团化企业阿米巴实战案例

第十章 能力开发篇
（支持层二要素之二）

第一节　建立经营长素质模型

1. 胜任素质模型

1970年，美国政府甄选外交官，发现以智力为基础选择人才效果不理想，很多表面出色的人才工作业绩并不理想。美国社会心理学家戴维·麦克里兰采用行为事件访谈法（BEI）收集信息，研究哪些因素能够预测一个外交官在未来工作中取得优秀业绩。最后，通过一系列总结与分析，他得出结论：与一般胜任者相比，杰出的外交官在行为和思维方式上有显著差异。

企业实践中，我们发现很多甄选人员的案例中，知识技能出色、背景优秀的人员在真正上岗后，实际的工作效果并不理想。那么，是什么因素决定了人才在企业实践中获得高业绩呢？

我们认为是"胜任素质"，即"能将某一工作（或组织、文化）中有卓越成就者与表现平平者区分开来的个人的深层次特征，它可以是知识、技能、社会角色、自我概念、特质和动机等，即任何可以被可靠测量或计数的并且能显著区分优秀与一般绩效的个体的特征。"

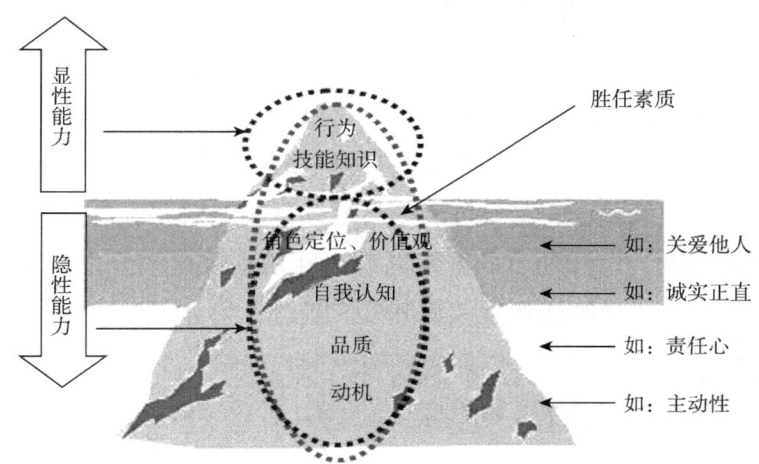

图 10-1 冰山理论模型

"冰山理论"认为，一个人的能力分为显性能力与隐性能力两部分，而决定员工绩效水平高低的因素，更多的是其隐性能力部分。隐性能力主要包括深层的动机、特质、自我形象、态度或价值观。这些深层次特征能保持相当长一段时间，并能预示员工在不同情况和工作任务中的行为方式，而行为方式又会影响工作绩效，即形成"深层特征"-"行为"-"高绩效"的因果关系。W集团胜任素质模型主要关注的是员工的隐性能力，如图10-1所示。把经营长的职位要求与具体员工的潜在能力进行对接，明确员工的发展方向，更有利于人岗匹配，提高绩效水平。

W集团在实施阿米巴经营模式后，对人才的能力提出了更高的要求，尤其是在经营长的竞聘上岗、经营长人才库的建设、经营长的能力评估、经营长的能力开发等方面，需要相对明确的岗位胜任能力的具体标准，以建立经营长的胜任素质模型。素质模型的建立将为集团未来人力资源管理的招聘、培训、薪酬、绩效等职能提供基础支撑，为经营长能力的测评、人才评价中心设计、结构化面试设计等工作，以及人力资源决策提供重要依据。通过模型，员工可以自我寻找差距，进行自我改善，真正建立学习型组织。

2. 前期准备

第一，成立项目实施小组。实施小组由集团人行中心内人力资源板块专家组成，主要负责项目整体计划的编制、落实和项目资源的协调，设计项目的技术路线、胜任素质模型开发的工具、模板设计；确定胜任素质模型开发流程，并指导每个编写小组按照开发流程，就本岗位体系中各级经营长所需具备的胜任素质要素，进行分析与总结。如图 10-2 所示。

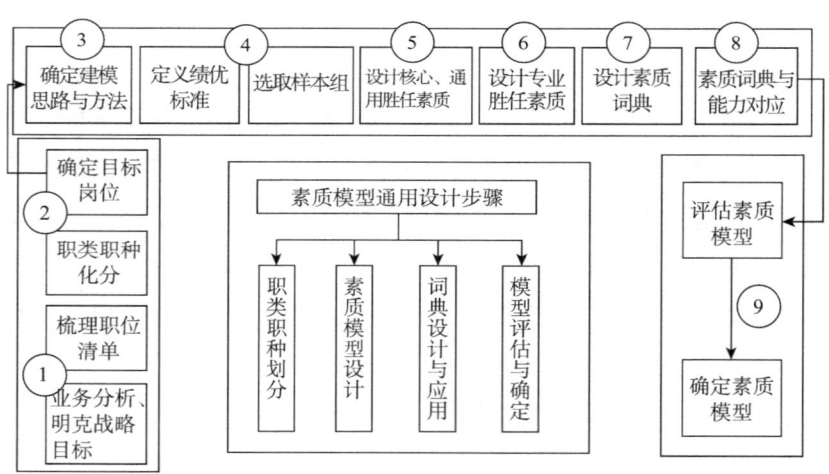

图 10-2　素质模型开发流程

我们针对职能管理类、营销管理类分别成立相应的编写小组。编写小组成员选自已经在企业工作了较长时间，且在本岗位中比较资深的人员。这样，他们才能开发出符合各自专业特点，并且适合企业发展需要的胜任素质模型标准。编写小组的组长由营销系统、生产体系、研发体系的人力资源 HRBP 担任，负责项目设计过程中资源提供、组织协调等工作。同时，本着做一个项目，固化一批技术工具，培养一批专业人才的指导思想，每个编写小组配置 2-3 名人力资源专员，要求至少本科以上学历，2 年工作经验，负责协助编写小组成员进行胜任素质的具体提炼工作。

第二，召开项目启动会议。项目启动会议的主要目的在于确认、沟通项目的成果范围、项目的实施方法、项目的时间安排和各方的责任，为项目的下一步实施奠定基础。

第三，资料收集。实施小组将收集集团竞争战略、发展规划、阿米巴经营模式的特点、经营单元的组织结构、职位信息等文件，并进行详细的分析，作为项目实施的基础。

第四，资料初步分析。分析集团的战略发展需要、企业文化、阿米巴经营等对经营长岗位的能力要求，即对经营长岗位到底应该具备什么样的能力素质才能符合组织发展的需要形成初步概念。

3. 选择建模方法

在企业实践中，胜任素质模型通常有三种建模方法。

（1）全面建模方式。

即按照"全面建模的流程"，综合运用多种工具进行建模操作。这种方式可以使得模型设计的包容性和准确度大大提高，最大限度地减低由于业务类型、地区文化、管理行为等差异对模型所产生的影响，使得结果准确性很高。但是，由于流程相对复杂、各种工具全部使用，使得这种方式的采用成本较高，另外还要求操作者具有较高的建模技术水平与经验。大型跨区域性的集团公司通常会采用此种方法。

（2）专家讨论式的简化建模方式。

考虑在资金、精力方面的限制，一些企业会保留建模的核心步骤，但在使用工具和实施方面加以简化。最为常见的简化方法是采用专家小组采集数据，以代替经典方法中的行为事件访谈。专家小组由熟知公司情况和相关岗位具体工作和任职要求的人士组成，能够提供较为准确的行为事例，在一定程度上保证由此推导出来的资质及其层次的准确性。此方法适用于业务流程不太复杂、岗位类型不太多、职责明确且岗位设置没有频繁变动的中小型企业。

（3）折中方案。

即在保留建立素质模型核心步骤的基础上，添加一些内容以增加胜任素质模型的准确度和相关性。通常，这种方法的主要数据来源仍然是专家小组，但企业会考虑在数据收集阶段增加数据库分析，在数据处理阶段用行为事件访谈（BEI）验证初步结果。此方法兼顾成本和质量，是许多企业选择的建模方式。

（4）W集团建模方法。

笔者在W集团的素质模型设计实践中，严格按照"要在兼顾成本的基础上确保方案的准确性，建模要有明确的技术导向，要求充分体现阿米巴经营模式对经营长的素质要求"的标准进行。在W集团的经营长素质模型建立时，我们选择了以一种方法为主、其他方法作为补充和验证的方式建模，即 **BEI + 其他方法补充 + 专家小组验证**。

经过研究，我们以优秀经营长半结构化访谈作为整个模型构建过程的主体和灵魂，此种方法获得的结果，将作为后续研究的基础。同时，综合使用**企业生命周期研究、问卷调研法、企业战略文化演绎法、标杆企业研究法成果**作为补充，将之分别与优秀管理者半结构化访谈方法所得到的结果进行对比分析，以进一步补充和完善模型。最后，采用**专家小组讨论评估**来验证最终的结果。

同时，我们确定了使用建模方法的原则，即"**充分考虑现实性与牵引性，定量法与定性法相结合**"。从现实性角度来看，公司员工的 BEI 访谈、问卷调研、专家对现状的看法等，能够体现企业现实能力素质的特点。从牵引性角度来看，企业目前的发展阶段、公司未来发展的战略目标、经营哲学、正在逐步形成的公司文化体现了对能力素质要求的方向牵引。同行业知名公司已形成的素质模型（要素），可作为参照和修订模型的外部标杆。定量法使用，侧重 BEI 访谈法和问卷调研法中，通过资料编码，统计各要素提及率，提取能力素质要素。定性法使用，通过资料分析与演绎等定性方法，提炼经营长应具备的关键素质要素，作为定量方法的有益补充。具体如图 10-3 所示。

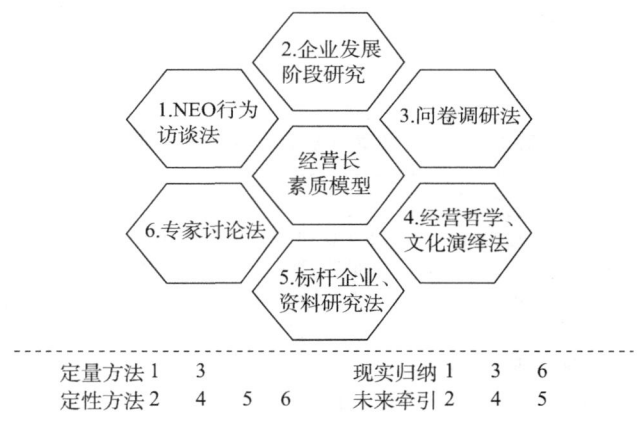

图 10-3 W 集团经营长胜任素质模型开发方法

最后，结合使用建模方法的原则，我们对各种建模方法特点进行了系统分析（见表 10-1），并对各种建模方法使用后所产生的能力素质项也做了初步约定。

· 企业经营哲学、企业文化中演绎的能力素质项，作为核心素质项目要全部考虑。经营哲学与企业文化是阿米巴经营模式成功实施的灵魂与方向，是带有鲜明企业特色的精神财富，对员工具有巨大的感召力和凝聚力，能最大限度地统一员工意志，规范员工行为。其所倡导的行为规范，最终要与对各层级经营长的能力要求相对接。

· 企业发展阶段研究，公司重要文件当中所谈及的能力项，要给予重点考虑。公司战略规划与发展规划是阿米巴经营模式运营中的各阶段行动指南与目标要求，体现了公司对经营长能力表现的具体期望。

· 对 BEI 访谈及问卷调研中位于前列的能力素质项重点关注。这些素质项目是各级员工最切身感受到的能力要求，要与企业文化、工作报告当中所涉及的能力项对应考虑。

· 国内外学者理论研究成果与标杆企业最佳实践，具有重要的参照意义；结合专家小组的意见，综合确定 W 集团经营长的胜任素质模型。

表 10-1　胜任素质模型建模方法分析表

工具	使用方法	要求	优缺点
BIE（行为事件访谈法）★★★★★	通过对过去行为的访谈与编码统计、分析，总结出同类别人群中优秀人员与一般人员的差别，最终得出该类人群需要具备的素质要求	被访谈人数：同一类别人数不低于 20 人；在本公司同一职位从业经验不能低于 2 年	优点：对素质提取准确 缺点：访问难度大，成本高，对访谈者专业性要求高
经营哲学、战略文化价值演绎法 ★★★	从企业使命、远景、战略以及价值观等演绎出特定员工群体的核心素质，通常用高层领导访谈结果修正	企业的使命、愿景、价值观以及企业战略明确并被员工广泛接受	优点：开发周期短，成本低 缺点：对公司文化管理要求高
问卷调查法 ★★★	根据通用素质词典（麦克利兰 21 项目素质，或其他选定词典），设计调查问卷，统计文件结果来确定	问卷编制和设计复杂，对人员专业性要求高	优点：开发周期短，成本低 缺点：素质提炼不够准确，主观性大
标杆研究法 ★★★	参考行业内领先企业经验，结合公司实际情况，确定某职类素质要求	要求与咨询公司合作，购买相关数据库	优点：开发周期短，见效快 缺点：需要支付咨询或是数据库提供费用

续表

工具	使用方法	要求	优缺点
专家小组法 ★★★	组成专家组，根据个人经验对候选人直接进行素质评定，再简易 BEI 进行验证	一般与 BEI 方法配合实施	操作方便，节省人力、财力和物力；不够全面；准确度不够高
生命周期研究法 ★★★★	按照企业发展生命周期理论，分析、判断本企业目前的发展阶段、面临的主要问题	需要对企业发展阶段、面临的主题问题有客观清晰的认识	准确度一般；人、财、物投入不大；能够获得基本面上的判断

4. 分步建立模型

在使用"**BEI + 其他方法补充 + 专家小组验证法**"分步建立素质模型的过程中，我们以优秀经营长半结构化访谈作为整个模型构建的核心，同时综合使用企业生命周期研究法、问卷调研法、企业战略文化演绎法、标杆企业研究法作为补充，逐步进行设计。下面是我们在建立素质模型过程中，使用企业生命周期研究法、标杆企业研究法示例。

（1）企业生命周期研究法。

正如人的寿命一样，每个企业从其诞生之后，都要经历培育期、成长期、成熟期和衰退期四个阶段，如图 10-4 所示。每一个具有积极创新精神的企业都不愿意看到企业衰退的那一刻，追求可持续发展的企业一般都极力要超越某种特定产品、技术和事业领域生命周期的制约，以此来获得更好的生存空间。企业成长并不是件容易的事，企业每演进到生命周期的下一个阶段前，都必须克服上一个阶段末期所遇到的不同陷阱，否则，企业将走向灭亡。

经过分析，我们认为 W 集团目前处于"企业成长期"。在这个时期，引入规范的组织管理体系和注重创新精神，提升组织内部的系统思维、思行结合、有效执行、创新改善等能力，显得尤其重要。

这个阶段企业具备以下特点：

- 由于规模的迅速膨胀，处于成长期的企业往往会面临管理滞后的问题。

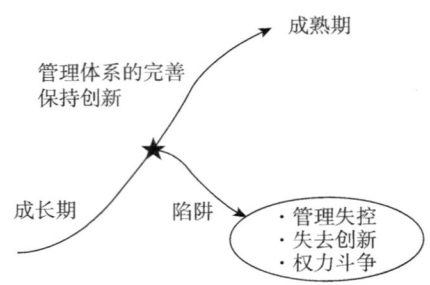

图10-4　企业成长发展模型

- 成长初期企业的首要任务便是建立完善的管理业务运作机制，并引入职业经理或提升管理者职业化水平。同时，企业通过管理制度和流程的建立，可以大胆地进行授权。
- 成长后期注重企业管理规范，有科学的业务计划和预算体系，使灵活性和可控性达到一致和协调。
- 在整个成长期，企业应注重创新精神的培育和巩固，这可以通过内部新项目的培育或是通过收购处于孕育期的企业来实现。
- 创新精神的培育和巩固应通过流程和制度予以保证。

但是，处于成长期的企业一旦存在以下问题，其结果是严重的：

- 规范的管理体系与企业既有的运作风格产生矛盾时，管理者首先打破制度，从而使管理失控局面持续下去。
- 缺乏对创新精神的重视，使快速成长的企业缺乏发展动力，从而步入衰退。
- 过分的权力斗争会使企业产生离心力。

根据W集团企业发展阶段，初步判断公司各层级员工，应重点强调如下核心能力：大局观、主动负责、勇于担当、合理授权；创新精神；系统思维、思行结合、有效执行、系统改善。

(2) 标杆企业研究法。

我们可将企业生命周期法,看做是对一个企业组织在不同发展阶段的纵向研究,判断当期面临的核心问题与解决办法;而标杆企业研究法,可看做是对相同发展阶段的不同企业组织的横向研究,寻求可供借鉴的经验与办法。

中集集团领导力模型。中集集团的领导力分为四个维度:引领未来、追求结果、成就团队、超越自我。每一个维度下有 3~5 个领导力因子,比如"引领未来",有以下的素质要求:决策能力、策略思考……每一个领导力因子下有 5~7 条典型行为。如表 10-2 所示。

表 10-2 中集集团领导力模型维度

素质项目	领导力因子
远见引领未来	决策能力
	策略思考
	营运洞察力
	创造力及远见
远见引领未来	全球眼光
责任追求结果	目标管理能力
	执行能力
	进取心
胸怀成就团队	影响力
	培养人才
	管理团队
	关系建立
	有效沟通
发展超越自我	建立信任
	适应能力
	学习能力

IBM 的领导力素质模型,如图 10-5 所示。

· 核心(The Core):对事业的激情。

・致力于成功（Focus to Win）：对客户的洞察力、突破性思维、不断追求目标的动力。

・动员执行（Mobilize to Execute）：团队领导力、直言不讳、团队协作、决断力和决策能力。

・持续动力（Sustain Momentum）：发展组织的能力、教练/培养人才、个人奉献。

综合国内外著名企业研究，可以发现，素质模型分为个人和组织两个层面：在个人特征层面，侧重激情、进取心、成就动机、全局意识和概括性思维；在工作组织方面，侧重目标管理、团队意识和工作计划性等因素。

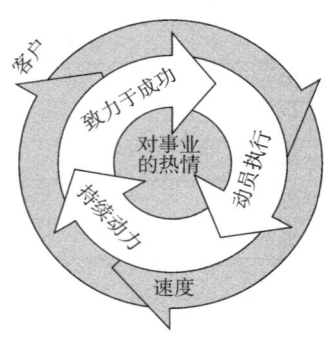

图 10-5　IBM 的领导素质模型

在素质模型开发过程中，我们发现，使用"BEI + **其他方法补充 + 专家小组验证**"法建立素质模型的关键是，要不断地采用专家小组讨论对成果进行验证。最后，经过专家小组多次讨论验证，提炼出 W 集团经营长胜任素质的三个方向素质能力，如图 10-6 所示。

（1）**市场领先能力**：体现为帮助企业获得、建立市场优势，是对员工专业素质及专业的潜在能力（计划、执行等）等方面的要求。

（2）**组织优势能力**：体现为企业组织优势的建立，是对其员工在人员管理与团队建设能力（组织、领导、控制）等方面的要求。

（3）**价值导向能力**：体现为引领企业的主流价值观导向，是对员工个人在价值观、人格特质、态度与动机等方面的要求。

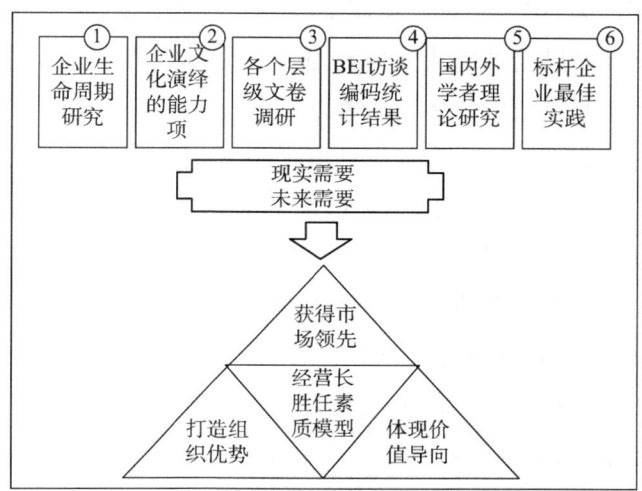

图 10-6　W 集团经营长的素质能力的总体结构

在三个方向的素质能力基础上继续进行分析，我们获得了 W 集团经营长的素质模型，如图 10-7 所示。

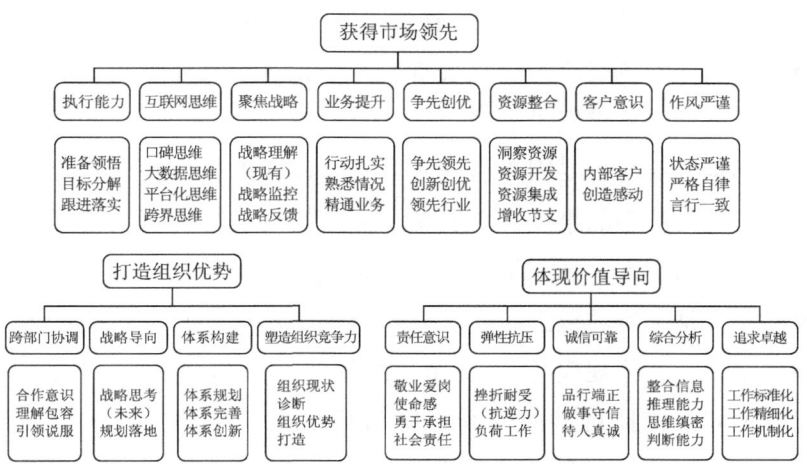

图 10-7　W 集团经营长的素质模型

5. 建立素质词典

确定了素质项和模型结构之后，编写小组的开发工作还远没有结束。因为这样一个只有骨架没有实质内容的管理者素质模型，并不能帮助公司解决实际问题，我们还需要获得并确定对不同级别经营长队伍的具体素质要求。

首先，根据编码内容和胜任素质要求，为素质项撰写"素质定义"。"素质定义"，描述了该项素质要素所包含的具体内容。然后，根据素质定义和公司的实际情况，确定各项素质的"分级标准"。"分级标准"描述了该项素质的每个层级所应关注的关键行为标准。之后，根据代表该层级的行为对绩效的影响程度，对素质项的各层级赋值，影响程度越高、层级越高。最后，编写小组结合专家意见，汇总形成 W 集团经营长素质词典。

在对素质项进行分级时，我们将每项关键素质的具备程度看作一个连续体，一端表示"具备的程度非常低"，另一端表示"具备的程度非常高"。考虑到牵引性（需要将职位的某项素质细分为多少层级）与现实性（划分出来的每个层级是否能够有相应的管理者被套入）两方面的要求，通常将连续体均分为 5 个层级，分别开发各层级的行为表现，为未来进行素质评价、明确各级的具体素质要求提供基础。

影响分级的主要因素有三个：一是动作的强度不同，行为分级定义是最核心的维度，它展现了为高效完成行为模块（最终是绩效目标的实现）所采取的行动的强度，以及行动的完整性和系统性；二是影响的范围不同，影响范围表示受该行为影响的人员的数量，业务的规模/流程环节、组织的层级/规模等；三是主动程度不同，包括行动的复杂程度与行为人在主动方面的努力程度，即为达到某一个目标而花费的人力、物力、信息、资源及额外投入的精力或时间的多少等。

部分素质项目示例如下:

(1) 跨部门协调素质分级表如表 10-3 所示。

表 10-3 跨部门协调素质分级表

跨部门协调		
定义		为达成组织的共同目标,使组织内两个及两个以上具有不同职能的部门相互联系,减少部门间冲突,实现资源共享,彼此依赖、互动
关键点	合作意识	能与公司内各部门配合好;意识到每个部门都是集团公司不可或缺的成员,能在自己的职责范围承担起责任;与其他部门成员沟通较好,与其他部门间有较好的协作性;以公司整体利益为重
	理解包容	善于换位思考,能准确理解他人的想法和感受;胸怀宽广,能包容他人的言行和想法,为人处事以诚相待;对事不对人,能客观公正地处理问题
	引领说服	用言语或非言语的方式,积极、及时、准确表达自己的想法或观点,让人信服
级别		行为表现
1		没有跨部门合作的意识,本位主义、部门主义思想严重 故步自封,从不接受其他部门的意见和建议 表达出来的意思含混模糊,信息组织逻辑不清 想法或观点无法让人信服
2		有跨部门合作的意愿,能够做好本职工作 具有较为开放的心态,能够听取其他部门的不同意见,部分建议落到实处 能清晰而自信地进行表达,准确地表述信息,逻辑清楚、不啰嗦
3		主动为本部门内或其他部门成员提供工作支持与协助 心态开放,能够听取其他部门的意见和建议,并从中得到启示,进而改善本部门工作中存在的不足 能有说服力地表达自己的思想,提供支持性的事实和信息,并把信息组织得清楚易懂
4		愿意为企业的整体利益或其他部门的合理利益,牺牲部分个人利益或本部门利益 能主动征求其他部门的建议与想法,多角度、客观地来认识自己,有针对性地改进本部门的工作 包容他人,即使对那些自己反感或者与自己有矛盾的人,仍然能够不排挤,能站在对方的角度看待他人的想法或行为 能在各个部门之间倡导、建立一种互相包容、互相支持的人际交往共识,引导大家换位思考,去体会和理解他人的想法和行为
5		视整企业的利益高于一切,能够做到合理地调整与平衡各部门间的利益得失 能在各个部门之间建立一种互相包容、互相支持、和谐的人际交往氛围;大家都做到善于换位思考,能切身体会和理解他人的想法和行为 乐于包容他人,做人做事客观公正,不固守自己的想法,能及时调整对人对事的看法 能使用非言语行为有效传递信息,表达具有情绪感染力和鼓动性

（2）互联网思维素质分级表如表10-4所示。

表10-4 互联网思维素质分级表

互联网思维		
定义	在（移动）互联网、大数据、云计算等科技不断发展的背景下，对市场、对用户、对产品、对企业价值链乃至对整个商业生态进行重新审视的思考方式	
关键点	口碑思维	通过制定口碑推广计划、为消费者提供需要的产品和服务，让消费者感知并自动传播公司产品和服务的良好评价，从而让人们通过口碑了解产品、树立品牌、加强市场认知度，最终建立对企业产品和服务的忠诚度
	大数据思维	在如今大数据时代，能够使用大数据的眼光重新审视我们周围的一切，从数据分析的角度发现事物的相互关联性，进而对事物的发展趋势等做出准确的判断
	平台化思维	企业已经不在一条产业价值链上，而是在基于目标消费者某种生活、消费方式整合的多个产业价值链上，是在基于客户生活方式跨产业消费的平台模式上。企业的战略思维不再是价值链的一端，而是提供一个平台。企业把所有的信息、资源都聚集在这个平台上，通过激活要素，让它们产生互动，产生结构性裂变，而这种结构性裂变所产生的巨大能量就是企业的市场先机和市场机会
	跨界思维	大世界大眼光，是**多角度**、**多视野**看待问题和提出解决方案的一种新锐的思维方式。从不同行业、不同专业的角度去思考同一问题。
级别	行为表现	
1	对口碑思维、大数据思维、平台化思维、跨界思维不知道、不了解，没有概念，也不愿意主动学习	
2	知道或基本了解口碑思维、大数据思维、平台化思维、跨界思维，并能够主动学习有关资料，有一定心得体会 有意识地用口碑思维、大数据思维、平台化思维、跨界思维等思维方式、方法、工具去分析、解决工作中遇到的问题	
3	掌握口碑思维、大数据思维、平台化思维、跨界思维中的主要思维方式、方法、工具，能在工作中经常运用、解决工作中遇到的问题并确定一定的成果 主动收集、研究关于口碑思维、大数据思维、平台化思维、跨界思维方面的资料，不断完成自己在这方面知识体系	
4	熟练掌握口碑思维、大数据思维、平台化思维、跨界思维中的主要思维方式、方法、工具，能在工作中经常运用、解决工作中遇到的问题并取得重大的成果 基本建立起在口碑思维、大数据思维、平台化思维、跨界思维方面完备的知识体系，并对其有一定的研究与实践	

第十章 能力开发篇（支持层二要素之二）

续表

互联网思维	
级别	行为表现
5	精通口碑思维、大数据思维、平台化思维、跨界思维中的主要思维方式、方法、工具，能在工作创造性地运用、解决生产经营中遇到的重大问题并取得创新性的成果 建立起完备的关于口碑思维、大数据思维、平台化思维、跨界思维方面的知识体系，并对其有深刻的研究与实践

（3）战略意识素质分级表如表10-5所示。

表10-5 战略意识素质分级表

战略意识		
定义	深刻理解企业的战略思想，通过与实际工作的紧密结合，制定具体的战略实施目标，引领下属向战略目标迈进；同时根据市场的形势变化对战略目标提出建议或进行调整	
关键词	战略协同	**深刻理解企业的战略思想**，对战略目标制定的背景、原则和重点有透彻的理解；**工作实际注意保持与企业的战略目标保持一致**，并采取相应的措施保证战略目标的实现
	战略推进	结合企业现实的资源状况、价值链方式与企业文化，**制定与战略目标相一致的具体行动计划**，推进行动计划，并在实施过程中**不断校正计划与战略的偏差**
级别	行为表现	
1	不清楚企业的战略，没有建立战略协同的思想意识 没有采取相应的协调措施保障战略达成	
2	实际工作具有一定的战略协同意识，注意保持本岗位工作对与企业的战略目标支持作用 能够在一定的指导下，认真执行本本部门的年度工作计划，**及时反馈**推进过程中的**偏差与问题**	
3	实际工作具有较强的战略协同意识，注意保持本岗位工作对与企业的战略目标支持作用 能够认真执行本部门的年度工作计划，解决推进过程中一般性的偏差与问题	
4	理解企业的战略思想，有意识地在工作中注意与企业的战略目标保持一致 根据企业现实情况制定与战略目标相一致的本部门工作计划，推进过程中能够及时发现重大偏差并提供解决方案	
5	**深刻理解企业的战略思想**，对战略目标制定的背景、原则和重点有透彻的理解**工作实际注意保持与企业的战略目标保持一致**，并采取相应的措施保证战略目标的实现 结合企业现实的资源状况、价值链方式与企业文化，制定与战略目标相一致的具体行动计划，并在实施过程中不断校正计划与战略的偏差	

(4) 追求卓越素质分级表如表 10-6 所示。

表 10-6 追求卓越素质分级表

	追求卓越	
定义	设定高标准要求,具有追求成功和卓越的强烈动机,凡事都要求尽善尽美	
关键点	工作标准化	指依据科学技术和实践经验的综合成果,在协商的基础上,对生产、技术和管理等活动中,具有多样性的、相关性的重复性工作环节**进行统一规定**;在具体工作过程中严格按照统一规定实施,并对工作完成情况参照**统一规定进行监督、检查**
	工作精细化	将工作内容与工作要求具体化、明确化,要求每一位员工都要恪尽职守,一次性就把工作做到位、达到工作标准;工作要日清日结,每天都要对当天的情况进行检查,发现问题及时纠正,及时处理等
	工作极致化	就是要把工作做到极致。工作中不能忽略小事,要重视细节。尤其当工作是由一件件琐碎的小事构成时,只有沉下心来,用心去做,把简单的工作做到极致才能有所收获
级别	行为表现	
1	意识不到标准化对工作的重要性 工作拖拉,没有时间观念,达不到工作标准 做事马虎,不关注细节	
2	按作业标准操作,就是任务量大、时间紧时也能按要求不折不扣地完成 按工作标准,对工作中出现的问题能够及时加以整改,不拖拉 认真执行"一次就能做到位"的思想,大部分工作能够一次到位,工作成果符合工作标准的要求 给予工作中的关键细节适当关注,即使事情烦琐也能够有耐心地做下去	
3	高质量地完成自身工作同时,帮助、指导他人按标准完成工作 主动细心检查工作成果的质量,能够很敏锐地发现错误或有问题的方面,及时采取措施改正及避免错误 绝大部分部分工作一次就能做到位,工作成果完全符合工作标准的要求 除工作要求的各类细节信息外,主动关注有利于提升工作质量的各类信息	
4	能够将新的、复杂的工作分解并制成标准化的要求,并有效监控工作过程,确保每个环节的完成质量 积极发现可以改进的工作环节,并加以完善,协助员工提高工作质量 从普通的细节信息中挖掘其相互间的复杂关系,从大局上把握事情的发展	
5	在企业层面建立标准化的工作要求与工作标准体系,监督其执行效果 培养员工严谨的工作作风,帮助员工树立标准意识 能够从零散的信息中,敏锐地洞察社会、行业以及市场等的新动向、新趋势,并判断分析出潜在的发展机会	

6. 确定经营长素质等级

编写小组在确定各级经营长的每个素质项的定义后,按照专家经验、素质词典定义、岗位职责,汇总分析,最后得出各素质项的具体等级。示例如表 10-7 所示。

表 10-7　确定经营长素质等级

素质项目		三级经营长	二级经营长	一级经营长
类别	名称	胜任级别	胜任级别	胜任级别
体现价值导向	责任意识	3	4	5
	弹性抗压	3	4	5
	诚信可靠	3	3	4
	综合分析	3	4	5
	追求卓越	3	3	4
	跨部门协调	3	4	5
打造组织优势	战略导向	2	3	4
	体系构建	2	3	4
	塑造组织竞争	3	4	5
	执行能力	3	4	5
	互联网思维	2	3	4
	聚集战略	2	3	4
获得市场领先	业务提升	3	4	5
	争先创优	3	4	5
	资源整合	2	3	4
	客户意识	3	4	5
	作风严谨	3	3	4

然后,编写小组对不同级别经营长的素质项目进行差异性分析,解决素质词典内部素质结构的合理性问题,对素质模型的科学性、合理性进行评估。评估与修订是一个不断完善的工作,是一个将初步建立的胜任素质模型与企业、岗位、员工三者进行持

续的匹配与平衡的工作。

通过素质模型构建，编写小组解决了的两大难题：一是利用现实性与牵引性、定量与定性相结合的方式，全面获取并分析企业内外部与岗位素质要求有关的内容，保证了开发结果的科学性与准确性，使得胜任素质模型开发的结果令人信服；二是对不同级别经营长的素质项、等级要求进行设定，为后续进行在岗人员的素质评价，建立基于胜任素质模型的培训课程提供了依据。

第二节　建立基于胜任素质的经营长培训体系

1. W 集团大学的建立

从 20 世纪 80 年代开始，企业大学进入快速发展期，至 2010 年，全球企业大学达到 3700 所，500 强企业中近 80% 拥有或正在创建企业大学。1993 年摩托罗拉中国区大学的成立，标志着中国境内企业大学的开端，从那开始越来越多的企业开始着手构建自己的企业大学。目前，企业大学建设呈现出空前高涨的趋势，知名企业所建立的企业大学达 400~600 所，中小型企业大学数量更多。一定程度上，企业大学代表企业培训的先进模式和培训体系的发展方向。

W 集团于 2008 年 1 月成立了 "W 集团大学"，我们在进行实践运营的同时，还对企业大学运营理论的进行持续研究，学习借鉴目前国内外各知名企业大学的成功经验及前沿理论，例如：普林斯和海里提出的 "企业大学轮模型"。该理论认为，理想企业大学包含五种元素，包括支持企业目标、网络和合作伙伴、知识系统和流程、人的流程和学习流程。定义企业大学的重点是支持企业目标，协助知识的创新及组织的学习。另外，克劳顿（北京）咨询有限公司提出企业大学战略（CUS）理论及八大执行体系（战略体系、组织体系、师资体系、课程体系、教材体系、学习方式、硬件规划及评估体系）等。

一般而言，企业大学的运营特性有：鲜明的企业性、公司战略性推动性、学习资源集成性、培训项目运作自主性、培训服务针对性等。通过系统思考并结合 W 集团企业实际情况，我们创新性地提出了基于成熟度的企业大学模型（CUMMTM），并在此基础上，对 W 集团大学的未来发展进行了规划、运营、评估、提升等工作。模型包括 4 个维度、16 个指标，通过对它们的定量计算与定性分析，既可以系统性规划与思考 W 集团大学长远发展，又可以有针对性地解决 W 集团大学面临的当前问题。如图 10-8 所示。

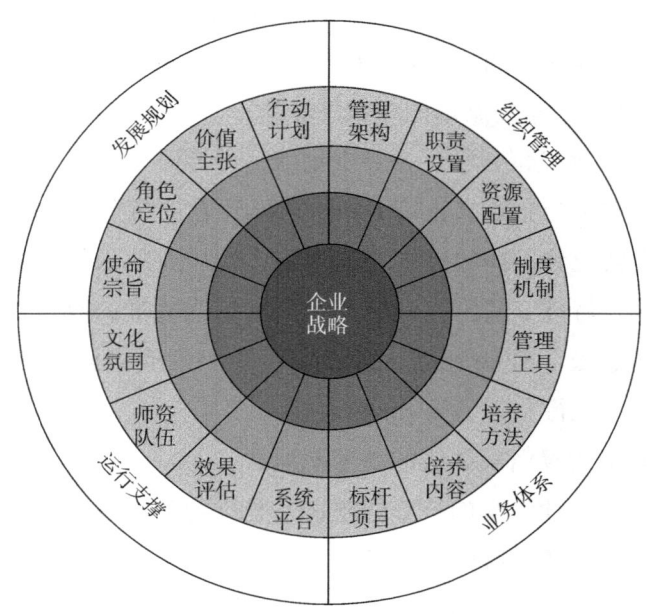

图 10-8　企业大学轮模型

W 集团大学在运营体系设置方面，秉承 W 集团的"以奋斗者为本"的人力资源理念和人才开发战略，围绕完善运营系统组织架构、提升办学起点和高度、构建科学的课程体系、加速人才培养、建立核心师资团队、加强自主课程研发、完善培训考核评估体系、培训资源管理等方面，进行系统开展。

2. W 集团大学的新职能

经过多年的发展，W 集团已经成为行业领头企业。但是，作为一个大型的老国企，"老人"多、"新人"更多，尤其是在阿米巴经营模式推进过程中，对经营长队伍的能力不断提出更高的要求。如何能够不断地提升经营长队伍的能力，满足企业阿米巴经营工作的发展要求，同时留住队伍中的核心人才，长久为企业服务，实现员工与企业的同步成长，是整体培训工作面对的主要问题。

为此，我们在实践中提出了要"建设满足企业发展战略的、符合企业实际情况的、具有鲜明 W 集团特色的经营长队伍培训体系"。W 集团大学要新增两项如下职能：

（1）成为经营哲学、企业文化的整合传播平台。

经营哲学与企业文化是实现阿米巴经营的持久动力，W 集团企业大学要充分发挥传播平台的作用，将企业的价值观变成员工的价值观，将员工的价值观转变为员工行为标准，改善员工对企业的认同感及工作满意度，最终实现员工对企业经营哲学"知道、相信、践行"三者的统一。

（2）成为经营长队伍的培养基地。

W 集团企业大学的核心任务之一是配合公司发展战略，聚焦于实现企业的经营目标和业务重点，按照阿米巴经营的要求，培养企业各级经营长人才，实现经营长队伍的能力与企业的共同发展。

与此同时，面对行业、市场环境的变化及国家宏观经济下行的影响，W 集团提出了要坚持围绕"**夯实基础，变中求胜；对标学习，提升效率**"的总体思路，脚踏实地做好各项经营管理的基础性工作。

为此，集团大学要根据现阶段的企业发展需要，有针对性地设计经营长培训体系。设计时，具体要关注以下问题：

（1）基于素质模型，设计经营长培训课程体系。

以往W集团大学的培训课程侧重公司"动态需求"，系统化、体系化不强。今后要逐渐建立全部岗位的素质模型、任职资格体系，按照"静态需求"经营长的素质模型标准来设计的学习地图，逐步开展经营长的岗位资格认证工作。随着企业的不断发展与阿米巴经营模式的深入，对管理人员、技术人员的能力提出了更高的要求，对于行业最前沿的管理思想与经验、新技术、新工艺、最新经营动态与资讯等，需要不断加强培训与推广，持续提升培训视野的宽度、广度、高度。

（2）培训形式创新与持续建设内部讲师队伍。

W集团大学现有的培训形式主要有：课堂教学、案例教学、师带徒、现场演示、视频光盘教学、头脑风暴、行动学习、自媒体学习等。在互联网时代，需要探索如何采用碎片化时间培训、移动式培训、微课程培训等新型培训方式。同时，集团已经建立了一只相对完整的讲师团队，但内部讲师队伍建设是一项长期工作，其管理体系、培养体系、认证体系等需要不断完善。

（3）课程针对性与培训效果评价。

根据经营长目前的能力素质短板，有针对性地设计各类型素质能力提升课程，包括课程内容、课程形式、效果评估等方面，并将企业文化与经营理念有机融入，使经营长在学习岗位知识与技能等同时，接受系统的企业理念与文化培训，使企业大学真正成为企业文化传播平台与人才培养基地。同时，培训效果评价方式继续探索，针对培训后的业绩提升、工作效能提升设计更有效的评估工具。再根据评估、分析结果来选择、设计课程。

3. 经营长的培训设计与实施

集团在培训体系设计时，强调"**实际、实用、实效**"的"**三实**"培训理念，不光讲理论，不要花架子，培训内容要与本职工作高度相关，强调培训实效、培训效果。重点放在前瞻性的培训课程设计、培训形式创新、培训效果评估、转换应用，以及持续地跟进与分析。建立各项培训机制，关注经营长队伍能力、素质提升，在系统规划、建好平台的基础上，强力推进实施。让终生学习、终生培训成为经营长队伍的一种行为、一种习惯。

其一，确定培训对象。

根据集团阿米巴经营模式设计的整体要求，人行中心要不断完善W集团各职类员工的职业发展通道、任职资格标准，素质模型、领导力模型等；各级经营长的入职、晋升、调动等要都通过的培训考核，逐步打造培训体系，实现对员工职业生涯发展的全覆盖。在完善现有课程（体系）的基础上，根据经营长素质能力要求，开发相关课程。同时，根据公司领导对经营长培训工作要求，拟定了集团大学基于胜任素质模型的培训体系建设流程，如图10-9所示。

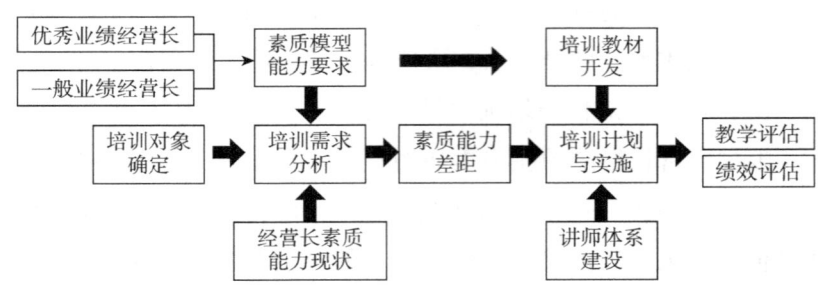

图10-9 基于胜任素质模型的培训体系建设流程

其二，培训需求调查，确定经营长的培训需求。

（1）找出素质差距。经营长胜任素质模型中各项素质的等级标准代表着 W 集团对经营长能力的要求。通过对各级经营长的实际工作能力、绩效考核、素质评估结果与素质词典中对应等级标准进行比较，发现每一位经营长素质能力优势和弱项，即经营长的素质差距，从而找到了每个人的能力短板。

（2）分析差距的重要性，确定有差距素质的优先顺序。对经营长每项有差距的素质能力，考虑其对工作绩效的影响大小、业务发展需要程度，综合判断该项差距的素质对当期培训的重要性程度，确定素质弥补的优先顺序。

（3）汇总优先顺序，识别经营长的培训需求。有针对性地为每位经营长制定胜任素质能力培养发展计划，突出培训重点，做到有的放矢，这不仅杜绝不合理的培训开支，更提高了培训的效率，从而在提升经营长的个体能力的同时，提升了企业的经营能力。

其三，基于素质模型的教材开发。

根据胜任素质模型的素质能力要求，开发经营长的培训教材时，我们按照如下步骤展开：

（1）素质项目对应知识点。对经营长胜任素质模型中各项素质的行为表现进行细化，提炼出具体的知识点，即所谓的"**素质能力——知识映射**"，挖掘行为标准背后需要的知识和能力。知识和能力映射时需注意，提炼的知识和能力需要和专业问题进行一一对应。

（2）根据知识点设计课程。在完成"**素质能力——知识映射**"之后，对提炼出的所有知识点进行梳理，汇总分析形成课程大纲并进行课程设计。

（3）课程分类，形成课程体系。我们将课程分为岗前基础类课程和在岗提升类课程。岗前基础类课程是保证该职位基本胜任岗位而设置的课程，一般应在经营长上岗前或上岗后一年内完成。在岗提升类课程是上岗一年后可考虑实施的,用于经营长在岗能力持续提升的专项课程。

(4)检验合理性,完善课程体系。课程体系设计的立足点是提升经营长的职业胜任能力。基于经营长的胜任素质模型及词典的描述,经营长的职业胜任能力主要体现在获得市场领先、打造组织优势、体现价值导向三个方面。将岗前基础类课程和在岗提升类课程按照经营长等级,分为初级、中级与高级培训三个层级。课程以内部开发为主,外部合作课程只作为内部课程补充,聚焦于新知识、新技术、新观念等的引进,同时做好外部课程消化吸收工作。

其四,制订经营长的培训计划。

(1)判断经营长培训需求的满足方式。培训计划是整个培训工作展开的依据,必须在一开始便获得各级业务部门负责人的支持与认可,要让学员及其上级领导承担培训效果转化的最终责任。在制定培训计划时,为了提升学员和其上级领导的积极性,要对经营长的培训需求进行分析,确定该项需求在当期培训中是否要满足,以及用何种培训形式进行满足等,如表10-8所示。

表10-8 判断经营长培训需求的满足方式

需求类型	培训需求特征	需求满足形式培训类型
类型1	当期重要性低	很难通过企业培训得到提升且不重要。员工以自我学习、自我培训为主
	可塑性低	
类型2	当期重要性高	很难通过企业培训得到提升且很重要。员工以自我提升为主,作为当期选拔的重点考核项目
	可塑性低	
类型3	当期重要性高	W集团大学层面作为一级重点培训项目,选择最好师资优先安排进行培训
	可塑性高	
类型4	当期重要性低	作为二级培训项目,由分(子)公司在不影响工作前提下,自行组织师资进行培训
	可塑性高	

第十章
能力开发篇（支持层二要素之二）

（2）有针对性地为每位经营长制定素质能力培养发展计划。W集团大学将经营长的培训需求分析结果与开发的课程体系相匹配，为每位经营长量身设计个性化、系统化的素质能力长期持续提升的培训方案，制定流程如图10-10所示。

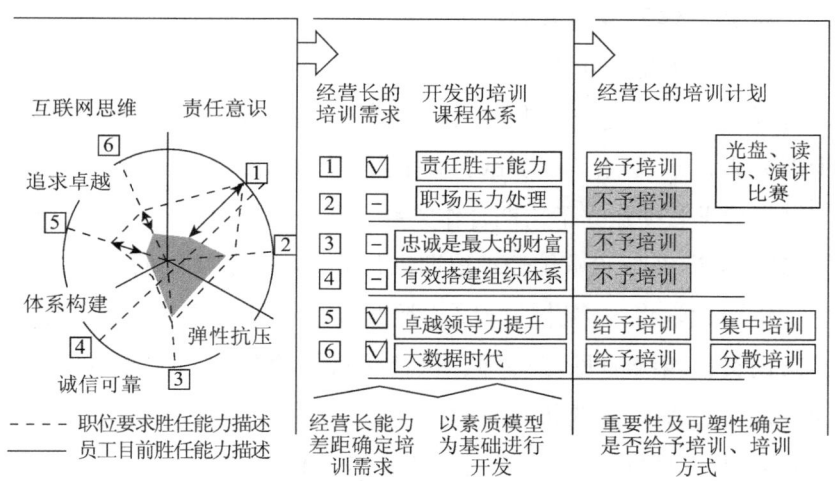

图10-10　素质能力培养发展计划

为了进一步推进实施经营长培训计划，W集团大学在四大学院中设计了不同的培训课程与培训项目：

·领导力学院侧重"打造组织优势"方面素质能力的培训课程，设计了与名校联合办学的清华大学"EMBA培训班"、项目经理班、W集团大讲堂和储备人才培养的"雄鹰"计划、"显鹰"计划和"雏鹰"计划等。

·营销学院学习侧重"获得市场领先"方面素质能力的培训课程，设计了与名校联合办学的北京大学"营销经理培训班"、名师实战培训课程、大区例会培训、网络商学院、拓展训练等。

·新员工学院侧重"体现价值导向"方面素质能力的培训课程，主要进行的基础性、公共性设计课程，包括网络商学院培训、各类上岗转岗培训、微信平台学习、待岗人员培训等。

·技术学院培训内容主要为各类的个性化、专业类课程，培训重点在科研人才培养、专业线任职资格晋级培训、主副岗位培训等培训项目。

4. 师资体系设计与运行

讲师队伍是企业大学能保持长期健康发展的原动力。集团大学讲师采用"请进来、走出去"的思路，大部分来自企业内部，少部分来自于具有丰富实战经验的大学教授或咨询顾问。例如，与多家大学名师建立了长期合作关系，开设了针对公司管理人员的"EMBA 培训班"、"营销经理培训班"等，取得了良好的效果。

集团大学将内部讲师分成三类四级：三类为管理类、技术类和营销类；四级为见习讲师、认证讲师、高级讲师和资深讲师。通过试讲、评审，选拔出 300 余名兼职讲师，并对他们进行了 TTT 培训，讲师的授课技巧与能力得到了极大提升。

讲师的授课效果由学员来进行评价和反馈，通过反馈去改进课程，对最差的讲师会直接解聘。

5. 评价体系与制度建设

"没有评估就没有管理"。通过评估，可以有效开展与监控培训的过程，反映并突显培训的价值。同时，支持并促进人力资源管理其他业务板块的持续改进。

根据 D. L. 柯克帕特里的"**四阶层评估模型**"，W 集团大学已经建立了"学员反应、学习效果、行为改变、产生的效果"评估模型来评估企业大学培训的有效性。依据培训需求及培训目标，培训效果评估通常分四个层面进行，如图 10 - 11 所示。

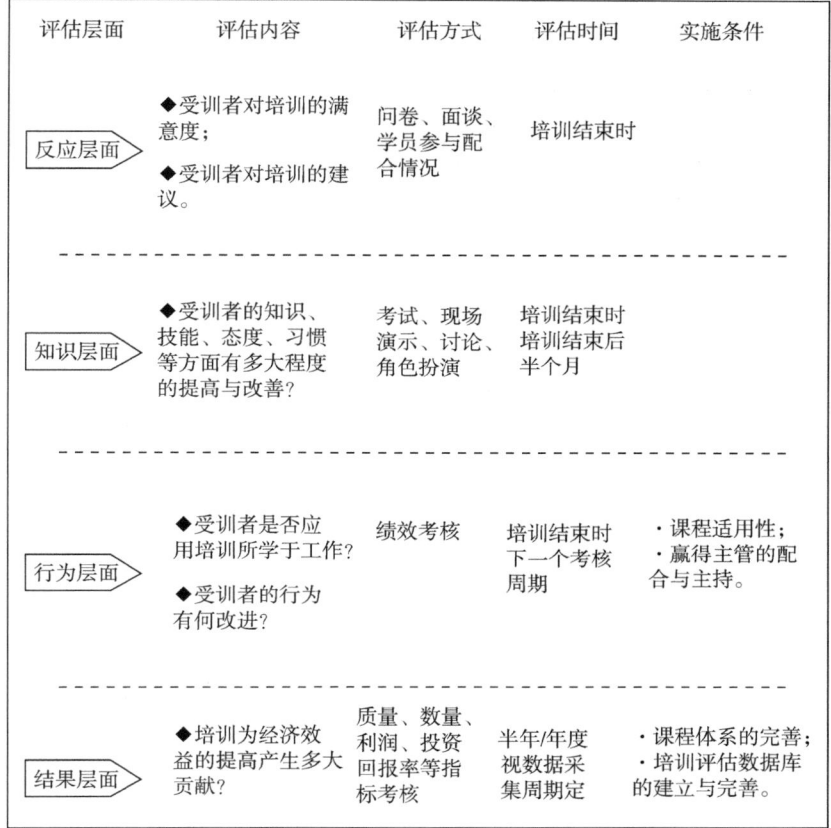

图 10-11 四阶层评估模型

对培训师的评估：主要通过培训效果调查问卷形式进行，要求每次培训结束后都要进行此项评估。

对学员的评估：主要通过课后考试、心得报告等形式了解学员对知识和技能的掌握程度并通过"部门能力提升问卷调查"形式了解学员的技能、业绩提升情况。

培训效果反馈给培训组织者与受训员工的直接主管，作为完善培训体系建设的依据。

第三部分

W集团阿米巴经营模式的实施

第十一章　阿米巴经营模式的实施步骤

W集团开展的阿米巴经营工作，在推进过程中主要经过了阿米巴经营模式设计阶段、阿米巴经营模式实施阶段、阿米巴经营模式持续提升阶段，每个阶段都体现出不同的运作要点。笔者总结、提炼了相关推行的实际经验，基本上参照以下步骤进行。

第一节　设计阶段

阿米巴经营模式的设计，是阿米巴经营模式工作得以顺利开展的源头，这一阶段的时间长短因企业实际情况不同而差异很大。W集团在设计阶段经历了大约8~10个月的时间，主要工作聚焦在阿米巴经营模式设计上，此部分内容已经在前面详细论述。此阶段开展工作的顺序为：

1. 成立领导小组

我们在推行中发现，同任何一种重大经营模式变革一样，"一把手"领导的重视是阿米巴经营模式成功实施的根本保障。阿米巴经营作为一个系统的经营管理体系，需要高层领导在方向上给予工作指导、在资源上给予充分支持与保障。

W集团高层领导非常重视，工作伊始就由董事长亲自负责成立阿米巴经营领导小组，主要成员为集团总裁、集团公司主要领导，充分肯定了阿米巴经营模式的重要性。领导小组主要负责决策项目整体的运作方向、重要问题的决策、监督指导等，每月至少定期召开一次现场会议，分析、解决当期重点问题。

领导小组下设阿米巴经营实施小组，由集团人力行政资源中心、财务中心、业务部门领导及骨干人员组成。实施小组在领导小组的指导下，方案设计阶段展开具体的阿米巴经营模式设计、核算工具的选择与开发、经营单元组织设计、计价与基准核算、激励体系设计等工作；后期的方案实施工作与持续提升阶段，主要开展具体运营管理的指导与监督工作。

2. 拟定阿米巴经营推进计划（如表11-1所示）

3. 设计阿米巴经营整体方案

（1）召开阿米巴经营工作启动会。参会人员由阿米巴经营领导小组、实施小组成员组成。会上通过各种研讨的形式，统一成员对阿米巴经营的认识，理解推行的重要性；领导小组对阿米巴经营工作提出总体推进思路与具体的推行要求，明确实施小组各成员的职责分工与各阶段重点工作。

（2）实施小组编写阿米巴经营整体方案。

第一，提炼集团阿米巴经营哲学和经营文化。

第二，经营单元的组织设计与量化分权制度建设。对参与阿米巴经营的部门及单位进行组织设计、明确各级经营单元设置；各级经营单元的权力与职责划分；确定各级经营单元领导人。科学设计各级经营单元是推行成功的基础。根据各级经营长的能力现状，进行经营单元划分。开始时组织划分不宜过细，可在运行过程中逐步分裂。

表 11-1 W 集团阿米巴经营推进计划

阶段		工作事项	工作内容与分工	负责人	完成时间
准备阶段	1	成立领导小组	成立 W 集团阿米巴经营领导项目小组;下设实施小组;确定各小组成员及工作分工;确定 W 集团参加阿米巴经营的部门及单位的范围;定期召开会议,决策当期推进中的问题	集团领导	7月15日前
	2	经营哲学提炼	W 集团阿米巴经营哲学提炼,W 集团阿米巴经营文化提炼	人行中心	7月25日前
	3	整体方案设计	阿米巴经营组织设计与量化分权化制度设计	对确定参加阿米巴经营的部门及单位进行阿米巴组织设计(明确各级 SBU);各级阿米巴经营的权责划分;各级阿米巴经营领导人确定	人行中心	8月10日前完成
	4		阿米巴经营运营系统的制度设计	根据参与阿米巴经营的部门及单位实际情况,设计运营系统的各项制度与方案	人行中心	8月10日前完成
	5		阿米巴经营激励方案修改与确定	根据参与"阿米巴经营"项目推广的部门及单位实际情况,修改、确定激励方案	人行中心	8月20日前,完成修改并确定指导价格
	6		各产品指导价格的核算	各部门对全部产品完成第一次指导价格核算;8月20日前,完成修改并确定指导价格	财务中心	8月20日前,完成修改并确定指导价格
	7		阿米巴经营计量(计数)设备改造与增设	对参与阿米巴经营的部门及单位生产线改造或增加必要的计量(计数)设备	财务中心	8月20日前完成
	8		审核确定 W 集团阿米巴经营推广方案	汇总以上方案,形成"W 集团阿米巴经营推广方案",由阿米巴经营领导小组审核后准备实施	集团领导	8月25日前完成
实施阶段	1	导入培训、宣传造势	进行阿米巴经营的持续宣传;提升关注程度,表明重要性,普及知识,制造热度	人行中心、财务中心	持续跟进

第十一章 阿米巴经营模式的实施步骤

续表

阶段	序号	项目	内容	负责	时间
实施阶段	2	导入培训、宣传造势	培训课题一：阿米巴经营哲学、阿米巴经营SBU构建流程、实施步骤、组织设计、运营流程、激励方式培训、实施注意事项等	人行中心、财务中心	7月25日前
	3		培训课题二：阿米巴经营的财务定价规则、财务核算原则、核算方法与流程；核算工具使用、经营业绩分析模板使用	人行中心、财务中心	7月30日前
	4		培训课题三：××基地阿米巴实施经验交流培训		7月30日前
	5		实地考察：由实施小组统筹规划，统一安排××基地考察、参观交流		7月30日前
	6	运营手册编写	编写阿米巴经营单元运营手册		7月15日前完成初稿
	7	人才培养	进行各级经营单元核算人员上岗前培训，要求每级经营单元至少成功培养一名核算人员	财务中心	8月25日前完成
	8		各级经营长竞聘、上岗前培训		8月25日前完成
持续提升阶段	1	阿米巴经营启动会	召开"阿米巴经营实施启动会"，阿米巴经营正式实施	集团领导	9月1日
	2	整体方案培训	阿米巴经营实施整体方案与制度培训	人行中心	9月1日
	3	运行指导	方案运行，实施小组进行日常指导；寻找空白点、提升点，确保项目顺利实施	人行中心	9月1日~12月31日
	4	运行实施	实施部门负责进行持续运营，定期会议解决当期重点问题；业绩核算分析、制定业绩改善提升计划、开展PDCA的经验循环	财务中心	9月1日~12月31日
	6	经营哲学推广	W集团阿米巴经营哲学经营文化推广，形成文化手册、文化案例、标杆人物，设计文化落地的仪式与方法等	人行中心、宣传部	9月1日~12月31日

第三，核算体系设计。主要包括定义单位创造价值（利润）、单位利润公式，确定计量（计数）、计价、基准等的计算核算方法与标准值。创造价值核算设计是核心。明确核算什么，如何核算，如何定单位创造价值，怎样才易于员工接受、易于核算工作的开展。

第四，计量（计数）设备改造与增设。根据确定的计量（计数）方法，参加阿米巴经营的各部门及单位改造生产线或增加必要的计量（计数）设备。核算工具设计"关注三准"是关键，即计量准、计价准、基准准。计量（计数）设备改造与增设是设备上的保障，各产品指导价格的核算与确定是整个核算体系的准星，基准（工时标准、用工标准等）是整个核算体系的标尺。

第五，经营单元的运营系统设计与确定。根据参与阿米巴经营的部门及单位实际情况，设计、确定运营系统的各项制度与方案。

第六，激励方案的设计与确定。根据参与阿米巴经营的部门及单位实际情况，制定全面激励方案、经营长能力开发计划等。

第七，汇总以上方案，形成 W 集团阿米巴经营整体设计方案。

（3）初次方案分析会。参会人员由阿米巴经营领导小组、实施小组全体成员组成，针对《工作推进计划》《单位时间附加值核算表》《内部交易定价规则》《经营单元组织结构、责任与权力分工》《核算结果激励》《业绩分析会流程与会议内容》等方案进行讨论、分析。会后，根据修改意见进行方案修改。

（4）二次方案分析会。参会人员由阿米巴经营领导小组、实施小组全体成员组成，再次讨论、审核初次方案分析会上的五个方案，会后根据修改意见进行修改。期间，相关人员要进行实地调研，重点对《单位时间附加值核算表》《内部交易定价规则》

等方案进行数据获取、结果试算，修正方案。

（5）形成整体设计方案。由领导小组最终审核、确定阿米巴经营的各专项设计方案，上报公司主要领导审批。

4. 试点经营单元的培训、宣传造势

培训、造势是推行成功的前提。让广大员工知道阿米巴经营模式，了解经营单元运行，认同公司"循道感恩"的经营哲学与企业文化；进行阿米巴经营模式的系列宣传，提升广大员工对阿米巴经营的关注程度，表明重要性，普及相关知识，制造舆论热度。

培训中，注意培训科目推进要循序渐进，首先进行培训课题一：阿米巴经营哲学、阿米巴经营 SBU 构建流程、实施步骤、组织设计、运营流程、激励方式培训、实施注意事项等"。员工相对接受后进行培训课题二：阿米巴经营的财务定价规则、财务核算原则、核算方法与流程、核算工具使用、经营业绩分析模板使用等。最后，员工完全接受后进行培训课题三：标杆公司阿米巴经营成功经验交流培训会。

实际操作时，笔者在培训过程中将多种培训手段的配合使用，有授课、有案例、有头脑风暴、有行动学习，等等。同时，统一安排部门骨干去行业外部标杆公司参观、实地考察，取得了非常理想的效果。

5. 培养经营人才

首先，进行各级经营单元核算人员上岗前培训，要求每级经营单元至少成功培养一名核算人员。其次，组织各级经营长的岗位竞聘、经营长的人选确定，实施经营长上岗前培训。

6. 财务核算与计量准备

首先，收集阿米巴经营实施部门的财务原始数据、历史数据，按照创造价值核算公式进行指导价格计算，制定单位创造价值核算表，以及经营业绩分析模板等工具。其次，经营单元计量（计数）设备改造与增设。根据创造价值核算方式的要求，对部分的经营单元生产线改造或增加必要的计量（计数）设备。

第二节　实施阶段

推行新的"阿米巴经营模式"，涉及组织中各个方面的变革，具有复杂性、长期性、艰巨性。笔者认为，在W集团的推行成果，如果没有公司各级干部的表率与带领作用是无法成功的。凡是参与实施的各部门领导，都表现出了率先垂范、全力以赴、拼搏奉献、争先创优的精神风貌，抱定只能成功、不能失败的决心，在他们的共同努力下才得以取得初步成果。阿米巴经营的实施运行阶段，是这项工作成败的关键。笔者发现在这个阶段有如下环节需要给予充分重视。

1. 召开阿米巴经营启动会

启动会由阿米巴经营的参与部门骨干人员参加，会上公司高层领导首先做重要讲话，对实施工作提出明确的工作方向与工作要求，提高员工的参与意识，标志着此项工作正式开始；然后，是部门骨干代表发言；最后，进行W集团阿米巴经营模式各项方案的系统讲解。

2. 运营指导

实施小组指导监督各经营单元的运营情况，通过会议、现场考察等各种形式解决当期重点问题，不断地寻找空白点、提升点，确保各经营单元顺利开展运营工作。

运营过程中，实施小组通过不断分析运营成果，判断经营单元划分是否合理，是否需要进行分裂或合并；参加各经营单元的晨会、周会、经营分析会，指导提升经营单元的核心能力、经营结果分析能力等；在实践中评估各项阿米巴经营设计方案的科学性、合理性等，必要时对相关设计方案提出修改建议。

3. 经营单元运营实施

各经营单元负责进行具体的运营工作，核算与分析每天经营业绩，制定业绩改善提升计划，开展 PDCA 的经验循环。根据经营单元的运营成果，进行即时激励。持续提升经营单元的阿米巴经营氛围，不断发现、培养具有领导潜力经营人才。

经营单元的上级主管部门负责组织各经营单元将运营方案落地执行，跟进了解运营情况、提供运行保障、激励方案审批，向实施小组反馈当期问题，并根据指导意见及时改进工作。确保经营单元的骨干成员会核算单位利润，在确保各产品指导价、基准、计量的准确性基础上，逐步实现全员会核算。在运行初期，强调核算的准确性摆在第一位，当期创造价值（利润）的多少是第二位的。成果导入后，确保核算准确性的同时，关注当期创造价值（利润）的多少，此阶段以降低费用、提升收入作为主要经营目标。

各经营单元要按照方案设计要求，召开日晨会、周例会、月度经营发布会，解决运作中的关键问题，制定工作提升计划，重点关注与解决收入增加费用降低、竞价与竞量机制、运营效率提升、上下游客户管理等方面的问题。

经营长要及时兑现各种激励方案，注意多表扬、少批评，多肯定、不直接否定。每次会议发言、改进行动都要给予认同或表扬。灵活运用精神激励，提升激励的针对性、及时性、有效性，提升参与度。

人行中心要随时关注经营单元裂变与合并的可能性，发动全员共同参与经营，实现全员会算账、精算账，群策群力、自动自发是最高境界。

4. 经营哲学落地

实施经营哲学落地工程，持续进行 W 集团阿米巴经营哲学、经营文化推广工作，保持员工个人目标与组织目标一致，逐步实现全员参与经营。我们将经营哲学、文化落地工程分为三个阶段，即让员工"知道""相信""自觉执行"。每个阶段分别实现"从企业哲学、理念到员工的哲学、理念"的转化，"从员工的理念变成员工的信念"的转化，"从员工的信念到员工行动"转化。具体通过编制经营哲学与文化手册、编写文化故事、标杆人物、设计文化落地的仪式与方法、标杆人物经验分享等形式，实现三阶段的文化落地工程。

5. 培训推广

人力资源部门协助各经营单元对各级人员进行系统培训，主要包括阿米巴经营知识培训、核算知识培训。针对经营长及以上人员，举行现场培训；针对基层员工，可根据人数多少由各经营单元自行组织培训。持续宣传阿米巴经营模式的经营哲学，打造各级经营单元的工作氛围，加强培训让经营单元成员在知道阿米巴经营基础上，接受阿米巴经营。

第三节 持续提升阶段

阿米巴经营工作是一项系统性的、有始无终的长期工作。在成功导入后，更需要持续提升经营业绩、保持员工参与积极性。通过经营单元的成功运营，一方面激发广大员工的潜能，实现由"要我干"到"我要干"转变；另一方面将一套会计核算体系（单位时间附加值核算）植入人力资源管理，去量化组织中每个团队、每个人的价值贡献，从而实现了小企业做大，大企业做活。为此，我们需要重点关注以下方面工作。

1. 定期自查、修订运行方案

实施小组要常态化设置,重点关注阿米巴经营中各方案、制度的空白盲点,方案执行变形与走样情况,寻找方案的提升点。检核各经营单元的运行成果、评估激励方案的有效性,提供必要的参谋职能。定期召开实施小组会议,总结问题、制定提升计划,听取经营单元的工作汇报,提出工作要求,指明工作方向。

2. 持续运行

各级经营单元要根据阿米巴经营的运行方案要求,持续开展经营工作,进行单位创造价值核算;针对运行中出现的重点问题,及时分析、研究解决;通过对比分析不断提升本经营单元的经营成果与管理水平,寻求业绩提升的新方法、新思路、新技术等。

3. 全员参与

笔者认为,企业经营的最高阶段,对于领导人来说是无为而治,对于员工来说是自动自发激情参与、自主经营管理,实现员工从"要我干"到"我要干"的转变。W集团的阿米巴经营模式本身就是一种全面提升员工参与度的经营模式,如果运行一段时间后,还只是各级经营长在忙,运营工作肯定出现了问题。

各级经营单元具体实施时,应重点关注经营晨会的召开、全员参与核算、全员参与经营结果分析与建议建言、改进措施的研讨与实施等,通过激励方案的及时兑现最终达到全员参与经营的目的。

4. 经营成果的持续提升

不断探索引入竞争机制,提升各经营单元的内部运营效率、促使上下游客户(原料采购、仓库、生产计划管理部门等)进行阿米巴经营或调整工作方式,提升相互配合效率等。在确保费用的持续减少、降低的同时,重点要在收入增加、用工数量与工时间减少等方面上实现突破。

W 集团阿米巴经营模式的"自主经营 152 管理模型",共计包含 8 个核心要素,即目标指标系统、经营单元组织系统、核算与分析系统、运营激励系统、激励提升系统、经营长队伍建设、经营长能力、企业的经营哲学,只有这 8 大系统之间要相互配合、相互制约,最终才能达到全员参与和企业业绩同步提升;

具体运行中,无论是设计阶段、实施阶段还是持续提升阶段,都需要人力、财务、宣传部门、生产部门、营销部门等各类经营单元有良好的跨部门沟通与合作,相互提出工作要求、相互补位、及时响应对方要求。依靠集团领导一把手的亲自参与、各个部门密切合作,人行中心的系统设计,业务部门的持续运作,执行小组的指导与监督,才能保证阿米巴运营模式的真正成功。

推荐作者得新书！
博瑞森征稿启事

亲爱的读者朋友：

感谢您选择了博瑞森图书！希望您手中的这本书能给您带来实实在在的帮助！

博瑞森一直致力于发掘好作者、好内容，希望能把您最需要的思想、方法，一字一句地交到您手中，成为专业知识与管理实践的纽带和桥梁。

但是我们也知道，有很多深入企业一线、经验丰富、乐于分享的优秀专家，或者往来奔波没时间，或者缺少专业的写作指导和便捷的出版途径，只能茫然以待……

还有很多在竞争大潮中坚守的企业，有着异常宝贵的实践经验和独特的闪光点，但缺少专业的记录和整理者，无法让企业的经验和故事被更多的人了解、学习、参考……

这些都太遗憾了！

博瑞森非常希望能将这些埋藏的"宝藏"发掘出来，贡献给广大读者，让更多的人得到帮助。

所以，我们真心地邀请您，我们的老读者，帮助我们一起搜寻：

推荐作者。

可以是您自己或您的朋友，只要对本土管理有实践、有思考；可以是您通过网络、杂志、书籍或其他途径了解的某位专家，不管名气大小，只要他的思想和方法曾让您深受启发。

推荐企业。

可以是您自己所在的企业，或者是您熟悉的某家企业，其创业过程、运营经历、产品研发、机制创新，等等。无论企业大小，只要乐于分享、有值得借鉴书写之处。

总之，好内容就是一切！

博瑞森绝非"自费出书"，出版项目费用完全由我们承担。您推荐的作者或企业案例一经采用，我们会立刻向您赠送书币 100 元，可直接换取任何博瑞森图书的纸质版或电子版。

感谢您对本土管理的支持！感谢您对博瑞森图书的帮助！

推荐邮箱： bookgood@126.com   **推荐手机：** 13611149991

1120 本土管理实践与创新论坛

这是由 100 多位本土管理专家联合创立的企业管理实践学术交流组织,旨在孵化本土管理思想、促进企业管理实践、加强专家间交流与协作。

论坛每年集中力量办好两件大事:第一,"**出一本书**",汇聚一年的思考和实践,把最原创、最前沿、最实战的内容集结成册,贡献给读者;第二,"**办一次会**",每年 11 月 20 日本土管理专家们汇聚一堂,碰撞思想、研讨案例、交流切磋、回馈社会。

论坛理事名单(以年龄为序,以示传承之意)

首届常务理事:

彭志雄　曾　伟　施　炜　杨　涛　张学军　郭　晓
程绍珊　胡八一　王祥伍　李志华　陈立云　杨永华

理　　事:

卢根鑫	王铁仁	周荣辉	曾令同	陆和平	宋杼宸	张国祥	刘承元
曹子祥	宋新宇	吴越舟	吴　坚	戴欣明	仲昭川	刘春雄	刘祖轲
段继东	何　慕	秦国伟	贺兵一	张小虎	郭　剑	余晓雷	黄中强
朱玉童	沈　坤	阎立忠	张　进	丁兴良	朱仁健	薛宝峰	史贤龙
卢　强	史幼波	叶敦明	王明胤	陈　明	岑立聪	方　刚	何足奇
周　俊	杨　奕	孙行健	孙嘉晖	张东利	郭富才	叶　宁	何　屹
沈　奎	王　超	马宝琳	谭长春	夏惊鸣	张　博	李洪道	胡浪球
孙　波	唐江华	程　翔	刘红明	杨鸿贵	伯建新	高可为	李　蓓
王春强	孔祥云	贾同领	罗宏文	史立臣	李政权	余　盛	陈小龙
尚　锋	邢　雷	余伟辉	李小勇	全怀周	初勇钢	陈　锐	高继中
聂志新	黄　屹	沈　拓	徐伟泽	谭洪华	崔自三	王玉荣	蒋　军
侯军伟	黄润霖	金国华	吴　之	葛新红	周　剑	崔海鹏	柏　翚
唐道明	朱志明	曲宗恺	杜　忠	远　鸣	范月明	刘文新	赵晓萌
张　伟	韩　旭	韩友诚	熊亚柱	孙彩军	刘　雷	王庆云	李少星
俞士耀	丁　昀	黄　磊	罗晓慧	伏泓霖	梁小平	鄢圣安	

企业案例·老板传记

	书名. 作者	内容/特色	读者价值
企业案例·老板传记	你不知道的加多宝:原市场部高管讲述 曲宗恺 牛玮娜 著	前加多宝高管解读加多宝	全景式解读,原汁原味
	收购后怎样有效整合:一个重工业收购整合实录 李少星 著	讲述企业并购后的事	语言轻松活泼,对并购后的企业有借鉴作用
	娃哈哈区域标杆:豫北市场营销实录 罗宏文 赵晓萌 等著	本书从区域的角度来写娃哈哈河南分公司豫北市场是怎么进行区域市场营销,成为娃哈哈全国第一大市场、全国增量第一高市场的一些操作方法	参考性、指导性、一线真实资料
	像六个核桃一样:打造畅销品的36个简明法则 王超 范萍 著	本书分上下两篇:包括"六个核桃"的营销战略历程和36条畅销法则	知名企业的战略历程极具参考价值,36条法则提供操作方法
	六个核桃凭什么:从0过100亿 张学军 著	首部全面揭秘养元六个核桃裂变式成长的巨著	学习优秀企业的成长路径,了解其背后的理论体系
	借力咨询:德邦成长背后的秘密 官同良 王祥伍 著	讲述德邦是如何借助咨询公司的力量进行自身与发展的	来自德邦内部的第一线资料,真实、珍贵,令人受益匪浅
	解决方案营销实战案例 刘祖轲 著	用10个真案例讲明白什么是工业品的解决方案式营销,实战、实用	有干货、真正操作过的才能写得出来
	招招见销量的营销常识 刘文新 著	如何让每一个营销动作都直指销量	适合中小企业,看了就能用
	我们的营销真案例 联纵智达研究院 著	五芳斋粽子从区域到全国/诺贝尔瓷砖门店销量提升/利豪家具出口转内销/汤臣倍健的营销模式	选择的案例都很有代表性,实在、实操!
	中国营销战实录:令人拍案叫绝的营销真案例 联纵智达 著	51个案例,42家企业,38万字,18年,累计2000余人次参与……	最真实的营销案例,全是一线记录,开阔眼界
	双剑破局:沈坤营销策划案例集 沈坤 著	双剑公司多年来的精选案例解析集,阐述了项目策划中每一个营销策略的诞生过程,策划角度和方法	一线真实案例,与众不同的策划角度令人拍案叫绝、受益匪浅
	宗:一位制造业企业家的思考 杨涛 著	1993年创业,引领企业平稳发展20多年,分享独到的心得体会	难得的一本老板分享经验的书
	简单思考:AMT咨询创始人自述 孔祥云 著	著名咨询公司(AMT)的CEO创业历程中点点滴滴的经验与思考	每一位咨询人,每一位创业者和管理经营者,都值得一读
	边干边学做老板 黄中强 著	创业20多年的老板,有经验、能写、又愿意分享,这样的书很少	处处共鸣,帮助中小企业老板少走弯路
	三四线城市超市如何快速成长:解密甘雨亭 IBMG国际商业管理集团 著	国内外标杆企业的经验+本土实践量化数据+操作步骤、方法	通俗易懂,行业经验丰富,宝贵的行业量化数据,关键思路和步骤
	中国首家未来超市:解密安徽乐城 IBMG国际商业管理集团 著	本书深入挖掘了安徽乐城超市的试验案例,为零售企业未来的发展提供了一条可借鉴之路	通俗易懂,行业经验丰富,宝贵的行业量化数据,关键思路和步骤

续表

互联网+			
	书名．作者	内容/特色	读者价值
互联网+	互联网时代的银行转型 韩友诚 著	以大量案例形式为读者全面展示和分析了银行的互联网金融转型应对之道	结合本土银行转型发展案例的书籍
	正在发生的转型升级·实践 本土管理实践与创新论坛 著	企业在快速变革期所展现出的管理变革新成果、新方法、新案例	重点突出对于未来企业管理相关领域的趋势研判
	触发需求：互联网新营销样本·水产 何足奇 著	传统产业都在苦闷中挣扎前行，本书通过鲜活的案例告诉你如何以需求链整合供应链，从而把大家熟知的传统行业打碎了重构、重做一遍	全是干货，值得细读学习，并且作者的理论已经过了他亲自操刀的实践检验，效果惊人，就在书中全景展示
	移动互联新玩法：未来商业的格局和趋势 史贤龙 著	传统商业、电商、移动互联，三个世界并存，这种新格局的玩法一定要懂	看清热点的本质，把握行业先机，一本书搞定移动互联网
	微商生意经：真实再现33个成功案例操作全程 伏泓霖 罗晓慧 著	本书为33个真实案例，分享案例主人公在做微商过程中的经验教训	案例真实，有借鉴意义
	阿里巴巴实战运营——14招玩转诚信通 聂志新 著	本书主要介绍阿里巴巴诚信通的十四个基本推广操作，从而帮助使用诚信通的用户及企业更好地提升业绩	基本操作，很多可以边学边用，简单易学
	今后这样做品牌：移动互联时代的品牌营销策略 蒋军 著	与移动互联紧密结合，告诉你老方法还能不能用，新方法怎么用	今后这样做品牌就对了
	互联网+"变"与"不变"：本土管理实践与创新论坛集萃．2016 本土管理实践与创新论坛 著	本土管理领域正在产生自己独特的理论和模式，尤其在移动互联时代，有很多新课题需要本土专家们一起研究	帮助读者拓宽眼界、突破思维
	创造增量市场：传统企业互联网转型之道 刘红明 著	传统企业需要用互联网思维去创造增量，而不是用电子商务去转移传统业务的存量	教你怎么在"互联网+"的海洋中创造实实在在的增量
	重生战略：移动互联网和大数据时代的转型法则 沈拓 著	在移动互联网和大数据时代，传统企业转型如同生命体打算与再造，称之为"重生战略"	帮助企业认清移动互联网环境下的变化和应对之道
	画出公司的互联网进化路线图：用互联网思维重塑产品、客户和价值 李蓓 著	18个问题帮助企业一步步梳理出互联网转型思路	思路清晰、案例丰富，非常有启发性
	7个转变，让公司3年胜出 李蓓 著	消费者主权时代，企业该怎么办	这就是互联网思维，老板有能这样想，肯定倒不了
	跳出同质思维，从跟随到领先 郭剑 著	66个精彩案例剖析，帮助老板突破行业长期思维惯性	做企业竟然有这么多玩法，开眼界

续表

行业类：零售、白酒、食品/快消品、农业、医药、建材家居等

	书名·作者	内容/特色	读者价值
零售·超市·餐饮·服装·汽车	1. 总部有多强大，门店就能走多远 2. 超市卖场定价策略与品类管理 3. 连锁零售企业招聘与培训破解之道 4. 中国首家未来超市：解密安徽乐城 5. 三四线城市超市如何快速成长：解密甘雨亭 IBMG国际商业管理集团 著	国内外标杆企业的经验+本土实践量化数据+操作步骤、方法	通俗易懂，行业经验丰富，宝贵的行业量化数据，关键思路和步骤
	涨价也能卖到翻 村松达夫 【日】	提升客单价的15种实用、有效的方法	日本企业在这方面非常值得学习和借鉴
	移动互联下的超市升级 联商网专栏频道 著	深度解析超市转型升级重点	帮助零售企业把握全局、看清方向
	手把手教你做专业督导：专卖店、连锁店 熊亚柱 著	从督导的职能、作用，在工作中需要的专业技能、方法，都提供了详细的解读和训练办法，同时附有大量的表单工具	无论是店铺需要统一培训，还是个人想成为优秀的督导，有这一本就够了
	零售百货全渠道营销策略 陈继展 著	没有照本宣科、说教式的絮叨，只有笔者对行业的认知与理解，庖丁解牛式的逐项解析、展开	通俗易懂，花极少的时间快速掌握该领域的知识及趋势
	零售：把客流变成购买力 丁昀 著	如何通过不断升级产品和体验式服务来经营客流	如何进行体验营销，国外的好经营，这方面有启发
	餐饮企业经营策略第一书 吴坚 著	分别从产品、顾客、市场、盈利模式等几个方面，对现阶段餐饮企业的发展提出策略和思路	第一本专业的、高端的餐饮企业经营指导书
	赚不赚钱靠店长：从懂管理到会经营 孙彩军 著	通过生动的案例来进行剖析，注重门店管理细节方面的能力提升	帮助终端门店店长在管理门店的过程中实现经营思路的拓展与突破
	汽车配件这样卖：汽车后市场销售秘诀100条 俞士耀 著	汽配销售业务员必读，手把手教授最实用的方法，轻松得来好业绩	快速上岗，专业实效，业绩无忧
耐消品	跟行业老手学经销商开发与管理：家电、耐消品、建材家居 黄润霖 著	全部来源于经销商管理的一线问题，作者用丰富的经验将每一个问题落实到最便捷快速的操作方法上去	书中每一个问题都是普通营销人亲口提出的，这些问题你也会遇到，作者进行的解答则精彩实用
白酒	变局下的白酒企业重构 杨永华 著	帮助白酒企业从产业视角看清趋势，找准位置，实现弯道超车的书	行业内企业要减少90%，自己在什么位置，怎么做，都清楚了
	1. 白酒营销的第一本书（升级版） 2. 白酒经销商的第一本书 唐江华 著	华泽集团湖南开口笑公司品牌部长，擅长酒类新品推广、新市场拓展	扎根一线，实战
	区域型白酒企业营销必胜法则 朱志明 著	为区域型白酒企业提供35条必胜法则，在竞争中赢销的葵花宝典	丰富的一线经验和深厚积累，实操实用
	10步成功运作白酒区域市场 朱志明 著	白酒区域操盘者必备，掌握区域市场运作的战略、战术、兵法	在区域市场的攻伐防守中运筹帷幄，立于不败之地

续表

分类	书名/作者	内容简介	推荐语
白酒	酒业转型大时代:微酒精选2014-2015 微酒 主编	本书分为五个部分:当年大事件、那些酒业营销工具、微酒独立策划、业内大调查和十大经典案例	了解行业新动态、新观点,学习营销方法
快消品·食品	乳业营销第一书 侯军伟 著	对区域乳品企业生存发展关键性问题的梳理	唯一的区域乳业营销书,区域乳品企业一定要看
	食用油营销第一书 余盛 著	10多年油脂企业工作经验,从行业到具体实操	食用油行业第一书,当之无愧
	中国茶叶营销第一书 柏龑 著	如何跳出茶行业"大文化小产业"的困境,作者给出了自己的观察和思考	不是传统做茶的思路,而是现在商业做茶的思路
	调味品营销第一书 陈小龙 著	国内唯一一本调味品营销的书	唯一的调味品营销的书,调味品的从业者一定要看
	快消品营销人的第一本书:从入门到精通 刘雷 伯建新 著	快消行业必读书,从入门到专业	深入细致,易学易懂
	变局下的快消品营销实战策略 杨永华 著	通胀了,成本增加,如何从被动应战变成主动的"系统战"	作者对快消品行业非常熟悉、非常实战
	快消品经销商如何快速做大 杨永华 著	本书完全从实战的角度;评述现象,解析误区,揭示原理,传授方法	为转型期的经销商提供了解决思路,指出了发展方向
	一位销售经理的工作心得 蒋军 著	一线营销管理人员想提升业绩却无从下手时,可以看看这本书	一线的真实感悟
	快消品营销:一位销售经理的工作心得2 蒋军 著	快消品、食品饮料营销的经验之谈,重点图书	来源与实战的精华总结
	快消品营销与渠道管理 谭长春 著	将快消品标杆企业渠道管理的经验和方法分享出来	可口可乐、华润的一些具体的渠道管理经验,实战
	成为优秀的快消品区域经理(升级版) 伯建新 著	用"怎么办"分析区域经理的工作关键点,增加30%全新内容,更贴近环境变化	可以作为区域经理的"速成催化器"
	销售轨迹:一位快消品营销总监的拼搏之路 秦国伟 著	本书讲述了一个普通销售员打拼成为跨国企业营销总监的真实奋斗历程	激励人心,给广大销售员以力量和鼓舞
	快消老手都在这样做:区域经理操盘锦囊 方刚 著	非常接地气,全是多年沉淀下来的干货,丰富的一线经验和实操方法不可多得	在市场摸爬滚打的"老油条",那些独家绝招妙招一般你问都是问不来的
	动销四维:全程辅导与新品上市 高继中 著	从产品、渠道、促销和新品上市详细讲解提高动销的具体方法,总结作者18年的快消品行业经验,方法实操	内容全面系统,方法实操
农业	中国牧场管理实战:畜牧业、乳业必读 黄剑黎 著	本书不仅提供了来自一线的实际经验,还收入了丰富的工具文档与表单	填补空白的行业必读作品
	中小农业企业品牌战法 韩旭 著	将中小农业企业品牌建设的方法,理论讲到实践,具有指导性	全面把握品牌规划,传播推广,落地执行的具体措施
	农资营销实战全指导 张博 著	农资如何向"深度营销"转型,从理论到实践进行系统剖析,经验资深	朴实、使用!不可多得的农资营销实战指导
	农产品营销第一书 胡浪球 著	从农业企业战略到市场开拓、营销、品牌、模式等	来源于实践中的思考,有启发

续表

类别	书名/作者	内容	推荐
农业	变局下的农牧企业9大成长策略 彭志雄 著	食品安全、纵向延伸、横向联合、品牌建设……	唯一的农牧企业经营实操的书,农牧企业一定要看
医药	新医改下的医药营销与团队管理 史立臣 著	探讨新医改对医药行业的系列影响和医药团队管理	帮助理清思路,有一个框架
	医药营销与处方药学术推广 马宝琳 著	如何用医学策划把"平民产品"变成"明星产品"	有真货、讲真话的作者,堪称处方药营销的经典!
	新医改了,药店就要这样开 尚锋 著	药店经营、管理、营销全攻略	有很强的实战性和可操作性
	电商来了,实体药店如何突围 尚锋 著	电商崛起,药店该如何突围?本书从促销、会员服务、专业性、客单价等多重角度给出了指导方向	实战攻略,拿来就能用
	在中国,医药营销这样做:时代方略精选文集 段继东 主编	专注于医药营销咨询15年,将医药营销方法的精华文章合编,深入全面	可谓医药营销领域的顶尖著作,医药界读者的必读书
	OTC医药代表药店销售36计 鄢圣安 著	以《三十六计》为线,写OTC医药代表向药店销售的一些技巧与策略	案例丰富、生动真实,实操性强
	OTC医药代表药店开发与维护 鄢圣安 著	要做到一名专业的医药代表,需要做什么、准备什么、知识储备、操作技巧等	医药代表药店拜访的指导手册,手把手教你快速上手
	引爆药店成交率1:店员导购实战 范月明 著	一本书解决药店导购所有难题	情景化、真实化、实战化
	引爆药店成交率2:经营落地实战 范月明 著	最接地气的经营方法全指导	揭示了药店经营的几类关键问题
	医药企业转型升级战略 史立臣 著	药企转型升级有5大途径,并给出落地步骤及风险控制方法	实操性强,有作者个人经验总结及分析
建材家居	建材家居营销实务 程绍珊 杨鸿贵 主编	价值营销运用到建材家居,每一步都让客户增值	有自己的系统、实战
	建材家居门店销量提升 贾同领 著	店面选址、广告投放、推广助销、空间布局、生动展示、店面运营等	门店销量提升是一个系统工程,非常系统、实战
	10步成为最棒的建材家居门店店长 徐伟泽 著	实际方法易学易用,让员工能够迅速成长,成为独当一面的好店长	只要坚持这样干,一定能成为好店长
	手把手帮建材家居导购业绩倍增:成为顶尖的门店店员 熊亚柱 著	生动的表现形式,让普通人也能成为优秀的导购员,让门店业绩长红	读着有趣,用着简单,一本在手,业绩无忧
	建材家居经销商实战42章经 王庆云 著	告诉经销商:老板怎么当、团队怎么带、生意怎么做	忠言逆耳,看着不舒服就对了,实战总结,用一招半式就值了
工业品	销售是门专业活:B2B、工业品 陆和平 著	销售流程就应该跟着客户的采购流程和关注点的变化向前推进,将一个完整的销售过程分成十个阶段,提供具体方法	销售不是请客吃饭拉关系,是个专业的活计!方法在手,走遍天下不愁

续表

分类	书名・作者	内容/特色	读者价值
工业品	解决方案营销实战案例 刘祖轲 著	用10个真案例讲明白什么是工业品的解决方案式营销,实战、实用	有干货、真正操作过的才能写得出来
工业品	变局下的工业品企业7大机遇 叶敦明 著	产业链条的整合机会、盈利模式的复制机会、营销红利的机会、工业服务商转型机会……	工业品企业还可以这样做,思维大突破
工业品	工业品市场部实战全指导 杜忠 著	工业品市场部经理工作内容全指导	系统、全面、有理论、有方法,帮助工业品市场部经理更快提升专业能力
工业品	工业品营销管理实务 李洪道 著	中国特色工业品营销体系的全面深化、工业品营销管理体系优化升级	工具更实战,案例更鲜活,内容更深化
工业品	工业品企业如何做品牌 张东利 著	为工业品企业提供最全面的品牌建设思路	有策略、有方法、有思路、有工具
工业品	丁兴良讲工业4.0 丁兴良 著	没有枯燥的理论和说教,用朴实直白的语言告诉你工业4.0的全貌	工业4.0是什么?本书告诉你答案
工业品	资深大客户经理:策略准,执行狠 叶敦明 著	从业务开发、发起攻势、关系培育、职业成长四个方面,详述了大客户营销的精髓	满满的全是干货
工业品	一切为了订单:订单驱动下的工业品营销实战 唐道明 著	其实,所有的企业都在围绕着两个字在开展全部的经营和管理工作,那就是"订单"	开发订单、满足订单、扩大订单。本书全是实操方法,字字珠玑、句句干货,教你获得营销的胜利
金融	交易心理分析 (美)马克・道格拉斯 著 刘真如 译	作者一语道破赢家的思考方式,并提供了具体的训练方法	不愧是投资心理的第一书,绝对经典
金融	精品银行管理之道 崔海鹏 何屹 主编	中小银行转型的实战经验总结	中小银行的教材很多,实战类的书很少,可以看看
金融	支付战争 Eric M. Jackson 著 徐彬 王晓 译	PayPal创业期营销官,亲身讲述PayPal从诞生到壮大到成功出售的整个历史	激烈、有趣的内幕商战故事!了解美国支付市场的风云巨变
房地产	产业园区/产业地产规划、招商、运营实战 阎立忠 著	目前中国第一本系统解读产业园区和产业地产建设运营的实战宝典	从认知、策划、招商到运营全面了解地产策划
房地产	人文商业地产策划 戴欣明 著	城市与商业地产战略定位的关键是不可复制性,要发现独一无二的"味道"	突破千城一面的策划困局
房地产	电影院的下一个黄金十年:开发・差异化・案例 李保煜 著	对目前电影院市场存大的问题及如何解决进行了探讨与解读	多角度了解电影院运营方式及代表性案例

经营类:企业如何赚钱,如何抓机会,如何突破,如何"开源"

分类	书名・作者	内容/特色	读者价值
抓方向	让经营回归简单・升级版 宋新宇 著	化繁为简抓住经营本质:战略、客户、产品、员工、成长	经典,做企业就这几个关键点!
抓方向	活系统:跟任正非学当老板 孙行健 尹贤 著	以任正非的独到视角,教企业老板如何经营公司	看透公司经营本质,激活企业活力
抓方向	公司由小到大要过哪些坎 卢强 著	老板手里的一张"企业成长路线图"	现在我在哪儿,未来还要走哪些路,都清楚了

续表

	书名	内容/特色	读者价值
抓方向	企业二次创业成功路线图 夏惊鸣 著	企业曾经抓住机会成功了，但下一步该怎么办？	企业怎样获得第二次成功，心里有个大框架了
	老板经理人双赢之道 陈 明 著	经理人怎样选平台、怎么开局，老板怎样选/育/用/留	老板生闷气，经理人牢骚大，这次知道该怎么办了
	简单思考：AMT咨询创始人自述 孔祥云 著	著名咨询公司（AMT）的CEO创业历程中点点滴滴的经验与思考	每一位咨询人，每一位创业者和管理经营者，都值得一读
	企业文化的逻辑 王祥伍 黄健江 著	为什么企业绩效如此不同，解开绩效背后的文化密码	少有的深刻，有品质，读起来很流畅
	使命驱动企业成长 高可为 著	钱能让一个人今天努力，使命能让一群人长期努力	对于想做事业的人，'使命'是绕不过去的
思维突破	移动互联新玩法：未来商业的格局和趋势 史贤龙 著	传统商业、电商、移动互联，三个世界并存，这种新格局的玩法一定要懂	看清热点的本质，把握行业先机，一本书搞定移动互联网
	画出公司的互联网进化路线图：用互联网思维重塑产品、客户和价值 李 蓓 著	18个问题帮助企业一步步梳理出互联网转型思路	思路清晰、案例丰富，非常有启发性
	重生战略：移动互联网和大数据时代的转型法则 沈 拓 著	在移动互联网和大数据时代，传统企业转型如同生命体打算与再造，称之为"重生战略"	帮助企业认清移动互联网环境下的变化和应对之道
	创造增量市场：传统企业互联网转型之道 刘红明 著	传统企业需要用互联网思维去创造增量，而不是用电子商务去转移传统业务的存量	教你怎么在"互联网+"的海洋中创造实实在在的增量
	7个转变，让公司3年胜出 李 蓓 著	消费者主权时代，企业该怎么办	这就是互联网思维，老板有能这样想，肯定倒不了
	跳出同质思维，从跟随到领先 郭 剑 著	66个精彩案例剖析，帮助老板突破行业长期思维惯性	做企业竟然有这么多玩法，开眼界
	麻烦就是需求 难题就是商机 卢根鑫 著	如何借助客户的眼睛发现商机	什么是真商机，怎么判断、怎么抓，有借鉴
	互联网+"变"与"不变"：本土管理实践与创新论坛集萃·2016 本土管理实践与创新论坛 著	加速本土管理思想的孕育诞生，促进本土管理创新成果更好地服务企业、贡献社会	各个作者本年度最新思想，帮助读者拓宽眼界、突破思维
财务	写给企业家的公司与家庭财务规划——从创业成功到富足退休 周荣辉 著	本书以企业的发展周期为主线，写各阶段企业与企业主家庭的财务规划	为读者处理人生各阶段企业与家庭的财务问题提供建议及方法，让家庭成员真正享受财富带来的益处
	互联网时代的成本观 程 翔 著	本书结合互联网时代提出了成本的多维观，揭示了多维组合成本的互联网精神和大数据特征，论述了其产生背景、实现思路和应用价值	在传统成本观下为盈利的业务，在新环境下也许就成为亏损业务。帮助管理者从新的角度来看待成本，进一步做好精益管理

管理类：效率如何提升，如何实现经营目标，如何"节流"

	书名·作者	内容/特色	读者价值
通用管理	1. 让管理回归简单.升级版 2. 让经营回归简单.升级版 3. 让用人回归简单 宋新宇 著	宋博士的"简单"三部曲，影响20万读者，非常经典	被读者热情地称作"中小企业的管理圣经"

续表

分类	书名/作者	内容简介	推荐理由
通用管理	管理:以规则驾驭人性 王春强 著	详细解读企业规则的制定方法	从人与人博弈角度提升管理的有效性
	员工心理学超级漫画版 邢雷 著	以漫画的形式深度剖析员工心理	帮助管理者更了解员工,从而更轻松地管理员工
	分股合心:股权激励这样做 段磊 周剑 著	通过丰富的案例,详细介绍了股权激励的知识和实行方法	内容丰富全面、易读易懂,了解股权激励,有这一本就够了
	边干边学做老板 黄中强 著	创业20多年的老板,有经验、能写、又愿意分享,这样的书很少	处处共鸣,帮助中小企业老板少走弯路
	中国式阿米巴落地实践之从交付到交易 胡八一 著	本书主要讲述阿米巴经营会计,"从交付到交易",这是成功实施了阿米巴的标志	阿米巴经营会计的工作是有逻辑关联的,一本书就能搞定
	集团化企业阿米巴实战案例 初勇钢 著	一家集团化企业阿米巴实施案例	指导集团化企业系统实施阿米巴
	阿米巴经营的中国模式 李志华 著	让员工从"要我干"到"我要干",价值量化出来	阿米巴在企业如何落地,明白思路了
	中国式阿米巴落地实践之激活组织 胡八一 著	重点讲解如何科学划分阿米巴单元,阐述划分的实操要领、思路、方法、技术与工具	最大限度减少"推行风险"和"摸索成本",利于公司成功搭建适合自身的个性化阿米巴经营体系
	欧博心法:好管理靠修行 曾伟 著	用佛家的智慧,深刻剖析管理问题,见解独到	如果真的有'中国式管理',曾老师是其中标志性人物
流程管理	1. 用流程解放管理者 2. 用流程解放管理者2 张国祥 著	中小企业阅读的流程管理、企业规范化的书	通俗易懂,理论和实践的结合恰到好处
	跟我们学建流程体系 陈立云 著	畅销书《跟我们学做流程管理》系列,更实操,更细致,更深入	更多地分享实践,分享感悟,从实践总结出来的方法论
质量管理	五大质量工具详解及运用案例:APQP/FMEA/PPAP/MSA/SPC 谭洪华 著	对制造业必备的五大质量工具中每个文件的制作要求、注意事项、制作流程、成功案例等进行了解读	通俗易懂、简便易行,能真正实现学以致用
	1. ISO9001:2015新版质量管理体系详解与案例文件汇编 2. ISO14001:2015新版环境管理体系详解与案例文件汇编 谭洪华 著	紧密围绕2015新版,逐条详细解读,工具也可以直接套用,易学易上手	企业认证、内审必备
战略落地	重生——中国企业的战略转型 施炜 著	从前瞻和适用的角度,对中国企业战略转型的方向、路径及策略性举措提出了一些概要性的建议和意见	对企业有战略指导意义
	公司大了怎么管:从靠英雄到靠组织 AMT 金国华 著	第一次详尽阐释中国快速成长型企业的特点、问题及解决之道	帮助快速成长型企业领导及管理团队理清思路,突破瓶颈
	低效会议怎么改:每年节省一半会议成本的秘密 AMT 王玉荣 著	教你如何系统规划公司的各级会议,一本工具书	教会你科学管理会议的办法
	年初订计划,年尾有结果:战略落地七步成诗 AMT 郭晓 著	7个步骤教会你怎么让公司制定的战略转变为行动	系统规划,有效指导计划实现

续表

分类	书名/作者	内容简介	评价
人力资源	回归本源看绩效 孙波 著	让绩效回顾"改进工具"的本源，真正为企业所用	确实是来源于实践的思考，有共鸣
	世界500强资深培训经理人教你做培训管理 陈锐 著	从7大角度具体细致地讲解了培训管理的核心内容	专业、实用、接地气
	曹子祥教你做激励性薪酬设计 曹子祥 著	以激励性为指导，系统性地介绍了薪酬体系及关键岗位的薪酬设计模式	深入浅出，一本书学会薪酬设计
	曹子祥教你做绩效管理 曹子祥 著	复杂的理论通俗化，专业的知识简单化，企业绩效管理共性问题的解决方案	轻松掌握绩效管理
	把招聘做到极致 远鸣 著	作为世界500强高级招聘经理，作者数十年招聘经验的总结分享	带来职场思考境界的提升和具体招聘方法的学习
	人才评价中心·超级漫画版 邢雷 著	专业的主题，漫画的形式，只此一本	没想到一本专业的书，能写成这效果
	走出薪酬管理误区 全怀周 著	剖析薪酬管理的8大误区，真正发挥好枢纽作用	值得企业深读的实用教案
	集团化人力资源管理实践 李小勇 著	对搭建集团化的企业很有帮助，务实，实用	最大的亮点不是理论，而是结合实际的深入剖析
	我的人力资源咨询笔记 张伟 著	管理咨询师的视角，思考企业的HR管理	通过咨询师的眼睛对比很多企业，有启发
	本土化人力资源管理8大思维 周剑 著	成熟HR理论，在本土中小企业实践中的探索和思考	对企业的现实困境有真切体会，有启发
	HRBP是这样炼成的之"菜鸟起飞" 新海 著	以小说的形式，具体解析HRBP的职责，应该如何操作，如何为业务服务	实践者的经验分享，内容实务具体，形式有趣
企业文化	华夏基石方法：企业文化落地本土实践 王祥伍 谭俊峰 著	十年积累、原创方法、一线资料，和盘托出	在文化落地方面真正有洞察，有实操价值的书
	企业文化的逻辑 王祥伍 著	为什么企业之间如此不同，解开绩效背后的文化密码	少有的深刻，有品质，读起来很流畅
	企业文化激活沟通 宋栉宸 安琪 著	透过新任HR总经理的眼睛，揭示出沟通与企业文化的关系	有实际指导作用的文化落地读本
	在组织中绽放自我：从专业化到职业化 朱仁健 王祥伍 著	个人如何融入组织，组织如何助力个人成长	帮助企业员工快速认同并投入到组织中去，为企业发展贡献力量
	企业文化定位·落地一本通 王明胤 著	把高深枯燥的专业理论创建成一套系统化、实操化、简单化的企业文化缔造方法	对企业文化不了解，不会做？有这一本从概念到实操，就够了
生产管理	看懂精益5S的300张现场图 乐涛 编著	5S现场实操详解	案例图解，易懂易学
	高员工流失率下的精益生产 余伟辉 著	中国的精益生产必须面对和解决高员工流失率问题	确实来源于本土的工厂车间，很务实
	车间人员管理那些事儿 岑立聪 著	车间人员管理中处理各种"疑难杂症"的经验和方法	基层车间管理者最闹心、头疼的事，'打包'解决

续表

生产管理	1. 欧博心法:好管理靠修行 2. 欧博心法:好工厂这样管 曾 伟 著	他是本土最大的制造业管理咨询机构创始人,他从400多个项目、上万家企业实践中锤炼出的欧博心法	中小制造型企业,一定会有很强的共鸣
	欧博工厂案例1:生产计划管控对话录 欧博工厂案例2:品质技术改善对话录 欧博工厂案例3:员工执行力提升对话录 曾 伟 著	最典型的问题、最详尽的解析,工厂管理9大问题27个经典案例	没想到说得这么细,超出想象,案例很典型,照搬都可以了
	苦中得乐:管理者的第一堂必修课 曾 伟 编著	曾伟与师傅大愿法师的对话,佛学与管理实践的碰撞,管理禅的修行之道	用佛学最高智慧看透管理
	比日本工厂更高效1:管理提升无极限 刘承元 著	指出制造型企业管理的六大积弊;颠覆流行的错误认知;掌握精益管理的精髓	每一个企业都有自己不同的问题,管理没有一剑封喉的秘笈,要从现场、现物、现实出发
	比日本工厂更高效2:超强经营力 刘承元 著	企业要获得持续盈利,就要开源和节流,即实现销售最大化,费用最小化	掌握提升工厂效率的全新方法
	比日本工厂更高效3:精益改善力的成功实践 刘承元 著	工厂全面改善系统有其独特的目的取向特征,着眼于企业经营体质(持续竞争力)的建设与提升	用持续改善力来飞速提升工厂的效率,高效率能够带来意想不到的高效益
	3A顾问精益实践1:IE与效率提升 党新民 苏迎斌 蓝旭日 著	系统的阐述了IE技术的来龙去脉以及操作方法	使员工与企业持续获利
	3A顾问精益实践2:JIT与精益改善 肖志军 党新民 著	只在需要的时候,按需要的量,生产所需的产品	提升工厂效率
员工素质提升	手把手教你做专业督导:专卖店、连锁店 熊亚柱 著	从督导的职能、作用,在工作中需要的专业技能、方法,都提供了详细的解读和训练办法,同时附有大量的表单工具	无论是店铺需要统一培训,还是个人想成为优秀的督导,有这一本就够了
	跟老板"偷师"学创业 吴江萍 余晓雷 著	边学边干,边观察边成长,你也可以当老板	不同于其他类型的创业书,让你在工作中积累创业经验,一举成功
	销售轨迹:一位快消品营销总监的拼搏之路 秦国伟 著	本书讲述了一个普通销售员打拼成为跨国企业营销总监的真实奋斗历程	激励人心,给广大销售员以力量和鼓舞
	在组织中绽放自我:从专业化到职业化 朱仁健 王祥伍 著	个人如何融入组织,组织如何助力个人成长	帮助企业员工快速认同并投入到组织中去,为企业发展贡献力量
	企业员工弟子规:用心做小事,成就大事业 贾同领 著	从传统文化《弟子规》中学习企业中为人处事的办法,从自身做起	点滴小事,修养自身,从自身的改善得到事业的提升
	手把手教你做顶尖企业内训师:TTT培训师宝典 熊亚柱 著	从课程研发到现场把控,个人提升都有涉及,易读易懂,内容丰富全面	想要做企业内训师的员工有福了,本书教你如何抓住关键,从入门到精通

续表

营销类:把客户需求融入企业各环节,提供"客户认为"有价值的东西			
	书名．作者	内容/特色	读者价值
营销模式	洞察人性的营销战术:沈坤教你28式 沈坤 著	28个匪夷所思的营销怪招令人拍案叫绝,涉及商业竞争的方方面面,大部分战术可以直接应用到企业营销中	各种谋略得益于作者的横向思维方式,将其操作过的案例结合其中,提供的战术对读者有参考价值
	动销操盘:节奏掌控与社群时代新战法 朱志明 著	在社群时代把握好产品生产销售的节奏,解析动销的症结,寻找动销的规律与方法	都是易读易懂的干货！对动销方法的全面解析和操盘
	变局下的营销模式升级 程绍珊 叶宁 著	客户驱动模式、技术驱动模式、资源驱动模式	很多行业的营销模式被颠覆,调整的思路有了!
	卖轮子 科克斯【美】	小说版的营销学！营销理念巧妙贯穿其中,贵在既有趣,又有深度	经典、有趣！一个故事读懂营销精髓
	弱势品牌如何做营销 李政权 著	中小企业虽有品牌但没名气,营销照样能做的有声有色	没有丰富的实操经验,写不出这么具体、详实的案例和步骤,很有启发
	老板如何管营销 史贤龙 著	高段位营销16招,好学好用	老板能看,营销人也能看
营销模式	动销:产品是如何畅销起来的 吴江萍 余晓雷 著	真真切切告诉你,产品究竟怎么才能卖出去	击中痛点,提供方法,你值得拥有
	资深大客户经理:策略准,执行狠 叶敦明 著	从业务开发、发起攻势、关系培育、职业成长四个方面,详述了大客户营销的精髓	满满的全是干货
	成为资深的销售经理:B2B、工业品 陆和平 著	围绕"销售管理的六个关键控制点"一一展开,提供销售管理的专业、高效方法	方法和技术接地气,拿来就用,从销售员成长为经理不再犯难
	销售是门专业活:B2B、工业品 陆和平 著	销售流程就应该跟着客户的采购流程和关注点的变化向前推进,将一个完整的销售过程分成十个阶段,提供具体方法	销售不是请客吃饭拉关系,是个专业的活计！方法在手,走遍天下不愁
	向高层销售:与决策者有效打交道 贺兵一 著	一套完整有效的销售策略	有工具,有方法,有案例,通俗易懂
	卖轮子 科克斯【美】	小说版的营销学！营销理念巧妙贯穿其中,贵在既有趣,又有深度	经典、有趣！一个故事读懂营销精髓
	学话术 卖产品 张小虎 著	分析常见的顾客异议,将优秀的话术模块化	让普通导购员也能成为销售精英
组织和团队	升级你的营销组织 程绍珊 吴越舟 著	用"有机性"的营销组织替代"营销能人",营销团队变成"铁营盘"	营销队伍最难管,程老师不愧是营销第1操盘手,步骤方法都很成熟
	用数字解放营销人 黄润霖 著	通过量化帮助营销人员提高工作效率	作者很用心,很好的常备工具书
	成为优秀的快消品区域经理(升级版) 伯建新 著	用"怎么办"分析区域经理的工作关键点,增加30%全新内容,更贴近环境变化	可以作为区域经理的"速成催化器"
	一位销售经理的工作心得 蒋军 著	一线营销管理人员想提升业绩却无从下手时,可以看看这本书	一线的真实感悟

续表

分类	书名/作者	内容简介	推荐理由
组织和团队	快消品营销：一位销售经理的工作心得2 蒋军 著	快消品、食品饮料营销的经验之谈，重点突出	来源于实战的精华总结
	销售轨迹：一位快消品营销总监的拼搏之路 秦国伟 著	本书讲述了一个普通销售员打拼成为跨国企业营销总监的真实奋斗历程	激励人心，给广大销售员以力量和鼓舞
	用营销计划锁定胜局：用数字解放营销人2 黄润霖 著	全方位教你怎么做好营销计划，好学又用真简单	照搬套用就行，做营销计划再也不头痛
	快消品营销人的第一本书：从入门到精通 刘雷 伯建新 著	快消行业必读书，从入门到专业	深入细致，易学易懂
产品	产品炼金术Ⅰ：如何打造畅销产品 史贤龙 著	满足不同阶段、不同体量、不同行业企业对产品的完整需求	必须具备的思维和方法，避免在产品问题上走弯路
	产品炼金术Ⅱ：如何用产品驱动企业成长 史贤龙 著	做好产品、关注产品的品质，就是企业成功的第一步	必须具备的思维和方法，避免在产品问题上走弯路
	新产品开发管理，就用IPD 郭富才 著	10年IPD研发管理咨询总结，国内首部IPD专业著作	一本书掌握IPD管理精髓
品牌	中小企业如何建品牌 梁小平 著	中小企业建品牌的入门读本，通俗、易懂	对建品牌有了一个整体框架
	采纳方法：破解本土营销8大难题 朱玉童 编著	全面、系统、案例丰富、图文并茂	希望在品牌营销方面有所突破的人，应该看看
	中国品牌营销十三战法 朱玉童 编著	采纳20年来的品牌策划方法，同时配有大量的案例	众包方式写作，丰富案例给人启发，极具价值
	今后这样做品牌：移动互联时代的品牌营销策略 蒋军 著	与移动互联紧密结合，告诉你老方法还能不能用，新方法怎么用	今后这样做品牌就对了
	中小企业如何打造区域强势品牌 吴之 著	帮助区域的中小企业打造自身品牌，如何在强壮自身的基础上往外拓展	梳理误区，系统思考品牌问题，切实符合中小区域品牌的自身特点进行阐述
渠道通路	快消品营销与渠道管理 谭长春 著	将快消品标杆企业渠道管理的经验和方法分享出来	可口可乐、华润的一些具体的渠道管理经验，实战
	传统行业如何用网络拿订单 张进 著	给老板看的第一本网络营销书	适合不懂网络技术的经营决策者看
	采纳方法：化解渠道冲突 朱玉童 编著	系统剖析渠道冲突，21个渠道冲突案例，情景式讲解，37篇讲义	系统、全面
	学话术 卖产品 张小虎 著	分析常见的顾客异议，将优秀的话术模块化	让普通导购员也能成为销售精英
	向高层销售：与决策者有效打交道 贺兵一 著	一套完整有效的销售策略	有工具，有方法，有案例，通俗易懂
	通路精耕操作全解：快消品20年实战精华 周俊 陈小龙 著	通路精耕的详细全解，每一步的具体操作方法和表单全部无保留提供	康师傅二十年的经验和精华，实践证明的最有效方法，教你如何主宰通路

续表

管理者读的文史哲·生活			
	书名.作者	内容/特色	读者价值
思想·文化	众生相 仲昭川 著	《互联网黑洞》作者仲昭川的随笔集——纵横宇宙生命,无言参万相。透视各色脸谱,一语破天机	商场或情场的顺心法宝,修道或混世的开悟按钮
	每个中国人身上的春秋基因 史贤龙 著	春秋368年(公元前770–公元前403年),每一个中国人都可以在这段时期的历史中找到自己的祖先,看到真实发生的事件,同时也看到自己	长情商、识人心
	内功太极拳训练教程 王铁仁 编著	杨式(内功)太极拳(俗称老六路)的详细介绍及具体修炼方法,身心的一次升华	书中含有大量图解并有相关视频供读者同步学习
	中医治心脏病 马宝琳 著	引用众多真实案例,客观真实地讲述了中西医对于心脏病的认识及治疗方法	看完这本书,能为您节约10万元医药费
	易经系辞大义 史幼波 著	结合人类社会的各种现象和人与人之间的复杂关系,系统阐述了《系辞》中蕴含的丰富思想	轻松掌握传统智慧精髓,从而达到修身养性的目的
	史幼波中庸讲记(上下册) 史幼波 著	全面、深入浅出地揭示儒家中庸文化的真谛	儒释道三家思想融汇贯通
	史幼波心经讲记(上下册) 史幼波 著	句句精讲,句句透彻,佛法经典的多角度阐释	通俗易懂,将深刻的教理以浅显的语言讲出来
	史幼波大学讲记 史幼波 著	用儒释道的观点阐释大学的深刻思想	一本书读懂传统文化经典
	史幼波《周子通书》《太极图说》讲记 史幼波 著	把形而上的宇宙、天地,与形而下的社会、人生、经济、文化等融合在一起	将儒家的一整套学修系统融合起来